# 다함께 잘 사는 길

## 대승불교 교학체계

불법승 삼보에 귀의합니다.

본서를 저술한 공덕은 모두
일체중생의 해탈을 위해 회향합니다.

○
# 서론

본서는 대승불교의 교리를 핵심만 간단히 이해하기 쉽게 설명하기 위한 목적으로 저술하였다. 대승불교의 입문서 정도로 생각하면 될 것 같다.

대부분 티벳불교의 강원에서 배우는 내용을 바탕으로 하였으며, 간혹 불교 외의 지식이나 필자의 개인적 견해를 피력한 곳에서는 모두 명확히 구분할 수 있도록 하였다.

많은 사람들이 짧은 한마디로 대답해 주는 것을 좋아하므로 여기서 먼저 대승이 무엇인지를 간결하게 정의해 본다면 이렇게 말하면 될 것 같다.

"일체중생을 구제하기 위해 성불을 추구하는 것이 대승이다."

성불은 부처가 된다는 뜻이다.

부처가 되기 위해서는 두 가지의 수행이 필요하다.

하나는 무아와 공성의 깨달음으로 번뇌장과 소지장을 제거하기 위한 지혜의 수행이요, 다른 하나는 보리심을 바탕으로 이타행을 하여 복덕을 쌓는 수행이다.

이와 같이 지혜와 복덕의 두 가지 수행을 통해서 자기 자신과 타인을 모두 세간적으로도 이롭게 하고 궁극적으로도 이롭게 한다는 것이 바로 대승이다.


그렇다면 이제부터 대승불교 교리의 구체적인 내용에 대해 좀 더 자세히 알아보도록 하자.

# 목차

대우휴먼사이언스

마음에 관한 실험

# 소승과 대승을 나누는 기준

대승불교가 무엇이고, 대승과 소승의 차이는 무엇이냐는 질문을 받았을 때 많은 불교 학자들이 시대적 상황과 역사적 성립 과정 등을 장황하게 설명하곤 한다. 이를테면, 어느 시대의 승가에 어떤 문제가 있었고, 그에 대한 불만이 쌓이면서 재가자들을 중심으로 어떠어떠한 경향의 새로운 사상 조류가 생겨났고, 그런 등등의 이야기 말이다.

그런데 그러한 역사적 설명은 추측일 뿐, 정말로 그러했는지 정확히 알 길은 없다. 그리고 무엇보다도 그것은 질문에 대한 본질적인 대답이 아니다.

그래, 학자들의 말처럼 어찌어찌해서 대승불교를 표방하며 대소승을 구분 짓는 이들이 생겨났다고 하자. 그런데 그렇게 생겨나서 자기들이 왜 대승이고 다른 쪽이 왜 소승인지 설명을 했을 것

아닌가?

바로 그것에 대해 이야기해야 한다. 본래 대·소승의 의미는 대승불교도들의 입장에서 규정한 것이므로 그들이 규정한 그 교리적인 내용이 무엇인가, 그것을 들어봐야 한다는 것이다.

그러면 이제부터 그 내용에 대해 설명하고자 한다.

소승과 대승을 나누는 기준은 발심에 있다.

발심이란 마음을 냈다는 말이다. 어떤 마음을 냈는가, 즉, 어떤 발심을 하였는가에 따라 소승과 대승을 구분한다. 작은 발심을 하면 소승이 되고, 큰 발심을 하면 대승이 된다.

작은 발심이란 자기 개인의 해탈을 주된 목표로 삼는 것을 말한다. 그러면 소승(小乘) 즉, 작은 탈것이 된다.

탈것이라 한 이유는 그것을 타고서 해탈을 향해서 가기 때문이다.

큰 발심이란 자기 개인만의 해탈이 아니라 일체중생의 해탈과 성불을 주된 목표로 삼는 것을 말한다. 그러므로 대승(大乘) 즉, 큰 탈것이라 한다. 모든 중생을 이 큰 탈것에 태우고서 함께 성불을 향해 나아간다.

대품반야경의 지식품에 다음과 같이 설하셨다.

많은 보살마하살은 세간을 평안하게 하기 위하여 아뇩다라삼먁삼보리의 마음을 일으킨다. 세간을 즐겁게 하기 위하여, 세간을 구제하기 위하여, 세간의 돌아갈 곳이 되기 위하여, 세간의 의지처가 되기 위하여, 세간의 섬이 되기 위하여, 훌륭한 인도자가 되기 위하여, 세간의 궁극

의 길이 되기 위하여, 세간의 나아갈 곳이 되기 위하여 아뇩다라삼먁
삼보리의 마음을 일으킨다.

여기서 한 가지 오해하지 말아야 할 점은, 소승을 작다고 하는 것
은 순전히 대승에 비교해서 하는 말이다. 다른 더 작은 마음과 비
교하면 소승도 큰 마음이다. 2미터가 3미터보다는 작지만 1미터보
다는 큰 것과 마찬가지다.

이와 같이 본래 교리적으로는 발심을 기준으로 소승과 대승을 나
누지만, 그러한 분류와는 달리 부파불교를 소승, 유식파와 중관파
를 대승이라 부르는 경우도 있으니 어떤 의미에서 소승이나 대승
이라 한 것인지 그 의미를 혼동해선 안 된다.

# 발심

대·소승이 무엇이고 발심이 무엇인지를 대략 이해하였으므로 이제 '소승발심', '대승발심'이라는 정확한 용어를 써서 다시 정리해 보면 다음과 같다.

 * 소승발심 : 진심으로 자기 개인의 해탈을 추구하는 마음

 * 대승발심 : 진심으로 일체중생 구제를 위해 성불을 추구하는 마음

소승발심을 다른 말로 염리심(厭離心), 또는 출리심(出離心)이라 한다. 즉, '소승발심=염리심(출리심)'이다.
대승발심을 다른 말로 보리심이라 한다. 즉, '대승발심=보리심'이다.

소승발심(염리심)이 일어나는 순간이 곧 소승도에 들어가는 순간이고, 대승발심(보리심)이 일어나는 순간이 곧 대승도에 들어가는 순간이다.

또, 보리심이 일어난 자를 보살이라고 한다. 즉, 대승도의 첫 단계인 대승자량도부터 이미 보살이다. 그래서 대승을 다른 말로 보살승이라고도 한다. 보살의 의미에 대해서는 뒤에 다시 설명하기로 한다.

소승도, 대승도, 할 때의 도(道)는 길이란 말이다. 소승의 길을 따라서 소승의 해탈에 도달하고, 대승의 길을 따라서 대승의 해탈과 부처에 도달한다.

해탈은 윤회에서 벗어났다는 뜻이다. 또, 고(苦)에서 벗어났다는 말과도 같다. 또 다른 말로 열반이라고도 한다. 즉, '해탈=열반'이다.

열반은 모든 번뇌가 제거되었다는 의미를 나타낸 말이다. 모든 번뇌가 제거되면 고(苦)에서도 벗어나고 윤회에서도 벗어난다.

윤회란 자신이 지은 업에 따라 죽어서 또 태어나고 죽어서 또 태어나고 하는 것을 의미한다. 번뇌가 있으면 업을 짓게 되고, 업의 힘 때문에 해탈하지 못하고 계속 생사를 반복하며 윤회하게 된다.

끝없이 윤회하며 고통 받을 것을 생각하면 그것이 끔찍하게 느껴진다. 그래서 윤회로부터 벗어나고 싶다는 마음을 내게 되는데, 이때 자기 혼자서 벗어날 생각을 내느냐, 모든 중생과 다 함께 벗어날 생각을 내느냐에 따라서 소승과 대승으로 갈라진다는 말이다.

소승발심이 일어나는 것도 대단히 희귀한 일이고, 대승발심이 일어나는 것은 그보다도 훨씬 더 희귀한 일이다.

먼저, 소승발심이 희귀한 이유는, 사람들은 대부분 세속의 삶에서 부귀영화와 온갖 쾌락을 누리거나 적어도 안락하게 살고 싶어하기 때문이다. 안락한 세속의 삶과 자기가 좋아하던 것들을 버리고서 재미없고 고달파 보이는 수행자의 삶을 살고 싶은 마음을 낸다는 건 웬만한 심경변화 갖고서는 어려운 일이다.

사실 안락을 추구하고 괴로움을 피하는 건 모든 생명체가 마찬가지다. 그런데 대부분의 사람들은 수행의 삶보다 세속의 삶이 더 안락할 것으로 생각해서 그쪽에 머물지만 어떤 이들은 세속의 삶이 지독하게 괴롭게 느껴져서 견디지 못하고 뛰쳐나간다. 또는 죽음에 대해 깊이 사유하고 나면 현생의 삶이 무의미하게 느껴지므로 그 무의미한 것들로부터 마음이 떠나는 경우도 있다.

인간은 무엇인가가 괴로우면 그 괴로움을 해결하기 위해 노력하게 되어 있다. 그러한 과정에서 괴로움이 일어나는 원리와 괴로움으로부터 벗어나는 원리를 이해하게 되고, 괴로움으로부터 완전히 영원히 벗어난 해탈을 추구하게 된다.

대승발심이 희귀한 이유는, '내 코가 석 자다.'라는 속담을 생각해 보면 알 수 있다. 나 자신이 어려움에 처하면 남까지 신경 쓰기가 어렵다는 뜻이다. 그런데 해탈을 진심으로 추구한다는 것은 윤회하는 이 삶을 대단히 끔찍하게 느낀다는 얘기다. 이것은 쉽게 말하자면 '내 코가 석 자'를 넘어 '내 코가 삼백 자'가 된 것과 같다. 심적으로 그렇다는 얘기다. 외부적인 상태는 별로 상관이 없다. 어떤 사람은 끔찍한 가난과 고난을 겪으면서도 '개똥밭에 굴러도 이승이 낫다.'면서 그러한 삶에 집착하고 벗어날 생각을 하지 않는가 하면, 어떤 사람은 남이 부러워하는 모든 것을 갖추고 편안하게 살면서도 심적으로는 말할 수 없는 괴로움에 몸부림치기도 한다.

하여간 윤회하는 이 삶을 대단히 끔찍하게 느끼면서도 그 와중에 자기만 빨리 먼저 해탈하고자 하는 마음이 일어나지 않고 시간이 더 오래 걸리더라도 일체중생을 구제하기 위해 성불의 길을 가겠다는 결심을 한다는 것은 일견 있을 법하지 않은 소리처럼 들리기까지 한다. 그러나 꼭 그런 마음이 일어날 가능성이 없다고 단정할 근거는 없다. 원래 자신이 경험해보지 못한 마음 상태는 이해하기가 힘든 법이다. 그런데 마음이란 습관을 들이기에 따라서 천차만별로 달라진다. 자꾸 자비로운 마음을 내 버릇하면 점점 더 자비로워질 것이고, 자비로운 마음을 계속 증장하다 보면 일체중생을 구제하겠다는 보리심까지 가지 말라는 법이 없다.

그러므로 대승불교에는 명상을 통해 보리심을 일으키는 방법도 마련되어 있다. 뒤에 자세히 설명하도록 하겠다.


이와 같이 발심의 의미를 알고 나면 소승도에 들어갈 사람의 성향과 대승도에 들어갈 사람의 성향이 무척 다르다는 것을 알 수 있다. 욕망과 번뇌가 많은 사람들은 소승도에 들어가기 어렵고, 자비심이 작은 사람들은 대승도에 들어가기 어렵다. 반대로 욕망과 번뇌가 적은 사람들은 소승도에 잘 맞고, 자비심이 큰 사람들은 대승도에 잘 맞는다.

이처럼 중생 각각의 성향을 잘 파악해서 각각의 길로 적합하게 인도하는 것이 바로 일체중생 구제를 목표로 한 보살의 의무다. 그래서 보살은 소승과 대승의 경전을 모두 배우고 익힌다.

그런데 '일체중생 구제'라는 대승의 구호를 들으면 이러한 의문이 일어날 수 있다.

'자기 자신도 구제하지 못한 자가 어떻게 남을 구제할 수 있는가?'

이것은 지극히 옳은 생각이다. 그런데 대승을 자처하면서 대승의 교리와 입장을 제대로 이해하지 못한 자들이 이 지극히 올바른 견해에 대해 반대하고 엉터리 반론을 하거나 아예 어떻게 대응해야 할지조차 몰라 아무 상관없는 딴 얘기만 하거나 그런 모습을 필자는 많이 보아왔다. 바로 이러한 자들이 대승불교를 망치는 자들이다.

필자가 배워서 이해한 대승불교는 위의 의문에 다음과 같이 대답한다.

"자기 자신도 구제하지 못한 자는 남을 구제할 수 없다. 그래서 대승의 수행자는 부처가 되기 위해 정진한다. 중생을 구제할 능력이 가장 출중한 존재는 부처이기 때문이다. 소승의 아라한은 해탈을 성취해서 다른 이들을 해탈로 인도할 능력은 되지만 더 많은 이들을 해탈시키기 위한 적극적인 행동은 하지 않고 그저 자신에게 다가온 소수의 제자들에게 도움을 줄 뿐이다. 반면, 부처는 수많은 생 동안 중생 구제를 목표로 수행을 하였기 때문에 지혜와 복덕이 훨씬 뛰어나며 성불 이후에도 중생을 위해 적극적이고 폭넓게 행동한다. 바로 이러한 이유로, 대승의 수행에는 명상뿐만 아니라 복을 짓는 행위도 필수적으로 포함된다. 남을 돕는 행위는 부질없는 짓이 아니다. 내 능력이 부족하더라도 내가 현재 가진 능력만큼 남을 도울 수 있고, 또 남을 도우면 도울수록 내 능력도 더 발달한다. 또, 남을 도움으로써 복을 쌓으면 다음 생에 더 좋은 여건을 얻게 되고, 그러면 더더욱 많은 복을 지을 수 있고 더더욱 능력을 키울 수 있다. 그러나 좋은 여건을 얻으면 부질없는 쾌락에 빠지거나 나태해질 위험도 있으므로 윤회의 괴로움과 보리심을 부지런히 명상하며, 무아를 깨닫는 지혜를 기르는 데도 게을러선 안 된다. 윤회의 괴로움을 명상함으로써 세속의 쾌락이나 나태함에 빠지지 않고 수행 정진하게 된다. 보리심을 명상함으로써 대승에서 퇴보하지 않고 성불을 향해 부지런히 나아간다. 무아를 깨닫는 지혜를 기름으로써 자타를 해탈시킬 수 있는 능력을 갖춘다. 이와 같이 복덕과 지혜를 모두 증장시켜 나가며 세속적으로도 자타를 이롭게 하고 출세간적으로도 자타를 모두 이롭게 하는 것이 바로 대승의 길이다."

# 수행

앞에서 소승과 대승의 발심이 각각 무엇을 목표로 하고 있는지를 설명하였다. 목표가 다르면 당연히 목표를 성취하기 위한 방법도 달라진다. 그러므로 소승과 대승의 수행법 역시 같을 수 없다.

간단히 말해서, 소승은 인무아(人無我)의 명상과 염리심만 있으면 되지만, 대승은 인무아보다 주로 법무아를 명상하며, 보리심을 바탕으로 광대한 복덕자량을 쌓는 행위 또한 수행의 큰 비율을 차지한다.

그러면 먼저, 소승의 수행법에 대해 간략하게 설명하고 나서 대승의 수행법을 자세히 설명하도록 하겠다.

염리심은 수행을 밀어붙이는 동력이고, 무아의 명상은 해탈을 성취하게 하는 실질적인 수단이다.

소승의 수행자가 수행을 하는 이유는 윤회에서 벗어나고 싶기 때문이다. 즉, 염리심 때문에 수행을 하는 것이고, 염리심이 나를 수행하게 만드는 것이다. 그런데 수행을 하다 보면 나태해질 수가 있고, 염리심이 잠시 약해질 수가 있다. 그로 인해 수행이 계속 발전해 나가지 못하고 정체된다. 그러할 때 윤회의 괴로움과 이 세상의 무상(無常)함 등을 명상함으로써 윤회하는 삶에 머무르지 않고 해탈을 향해 나아가고자 하는 염리심을 다시 강화한다. 그러면 불붙은 염리심에 의해 다시금 수행에 정진하게 된다.

무아의 지각이 해탈을 성취하게 하는 실질적인 수단이 되는 이유는 윤회의 근본 원인이 아집이기 때문이다. 아집이란 '나'라는 것에 실체가 있다고 착각하고 있는 것을 가리킨다.

내가 '나'라고 생각하는 존재는 수많은 원인과 조건에 의해서 수많은 부분들이 모여 만들어진 존재다. 나의 존재를 구성하는 모든 것들은 밖에서 와서 또 밖으로 나가 버린다. 끊임없이 흘러가는 강물과 같은 이 존재 안에는 '나'의 실체가 되는 영구불변하는 어떤 것도 들어있지 않다.

그런데 자아에 대한 집착 때문에 이러한 실상을 받아들이지 못하고 '나라는 존재가 그렇게 허무한 것일 리 없어. 영원불변하는 나의 영혼 같은 것이 분명히 존재할 거야.'라고 생각하면, 그러한 집착이 바로 변계아집이다. 분별하는 마음에 의해서 생겨난 아집이란 뜻이다. 이보다 뿌리 깊은 아집이 구생아집이다. 태어날 때부터 이미 갖고 있는 아집이라는 뜻이다. 변계아집이 생겨나는 이유도 바로 구생아집 때문이다. 영혼을 생각한 사람의 예에서 보듯이 나의 영혼이라는 허상을 만들어내게 된 이유가 이미 '자아'에 대한 잘못된 집착을 갖고 있었기 때문이다. 그 집착을 버릴 수가 없어서 그 집착의 요구에 따라 그 집착의 입맛에 맞는 사상을 구체적으로 만들어내게 된 것이다.

'나'라고 하는 뭔가 영원할 것 같고 유일할 것 같고 확고할 것 같고 독립적일 것 같은 어떤 존재를 모든 중생은 느끼고 있다. 그렇게 언어적으로 표현해 본 적도 없고 그런 식으로 생각해 본 적 없더라도 그런 비슷한 어떤 존재를 막연히 느끼고 있다는 말이다. 그 느낌은 너무나 강력해서 없애기가 여간 어렵지 않다. 그러나 그 느낌은 진실에 근거한 올바른 느낌이 아니라 무지와 착각에서 비롯된 것이기 때문에 무아의 진실을 깨달음으로써 소멸될 수밖에 없는 운명이다. 거짓은 진실에 의해 파괴된다는 이 원리가 바로 불교 수행의 핵심 원리다.

소승의 수행은 이와 같이 간명한 반면, 대승의 수행은 훨씬 더 복잡하다. 중생을 구제하기 위해서도, 부처가 되기 위해서도 광대한 복덕과 지혜를 키워야 되기 때문이다.

부처에게는 법신과 색신의 두 가지 몸이 있다. 색신에는 또 보신과 화신이 있어서 법, 보, 화, 3신으로 말하기도 하고, 법신에 자성법신과 지혜법신이 있어서 자성법신, 지혜법신, 보신, 화신, 이렇게

4신으로 말하기도 한다. 부처의 네 가지 몸에 대해서는 마지막에 따로 설명하기로 하고, 여기선 수행과 관련해서 간략하게만 언급하고 넘어가도록 하겠다.

부처의 법신을 성취하기 위해선 지혜자량을 쌓아야 하고, 색신(물질적인 몸)을 성취하기 위해선 복덕자량을 쌓아야 한다. 이와 같이 보살의 수행은 지혜자량과 복덕자량을 쌓기 위한 두 가지 수행으로 크게 양분한다.

# 육바라밀

.
.

두 가지 자량의 수행은 좀 더 세분하여 보시, 지계, 인욕, 정진, 선정, 반야 등의 육바라밀로 설명한다.

이 중에서 보시, 지계, 인욕 등의 세 가지는 복덕자량 수행에 해당하고, 선정과 반야는 지혜자량 수행에 해당하며, 정진은 복덕자량과 지혜자량의 두 가지 수행을 모두 밀어붙이는 역할을 한다.

바라밀이란 범어(산스끄리뜨) '빠라미따'를 한자로 음역한 것이다.

문자적 의미는 '저편으로 건너갔다.'는 뜻이다. 그래서 한자로 도피안(度彼岸)이라 번역하기도 한다.

그 진정한 의미는 '궁극의 경지에 도달했다.'는 뜻이다. 궁극의 경지에 도달한 것은 오직 부처님밖에 없으므로 진정한 의미의 바라밀은 부처님에게밖에 없다. 그러므로 보살이 수행하는 육바라밀은 진정한 의미의 바라밀은 아니지만 '가명(假名)의 바라밀'이라고 생각하면 된다.

　육바라밀을 수행할 때 삼륜청정을 여의면 세간의 바라밀이라 하고 삼륜청정을 갖추면 출세간의 바라밀이라 한다.

　삼륜청정이란 보시를 예를 들면, 주는 자와 받는 자와 주는 행위(또는 주는 물건)의 세 가지를 실재라고 집착하지 않는 것을 의미한다.

　대품반야경의 무생품에 다음과 같이 말씀하셨다.

> 이 사람의 보시에는 세 가지 걸림이 있습니다. 무엇이 세 가지인가 하면, 나라는 관념과 타인이라는 관념과 베푼다는 관념입니다. 이 세 가지 관념에 집착하는 보시이기 때문에 이것을 세간의 보시바라밀이라고 말합니다. 무슨 까닭에 세간이라고 말하는가? 세간 가운데서 움직이지 않고 벗어나지 않기 때문이니, 이것을 세간의 보시바라밀이라고 말합니다.
>
> 무엇을 출세간의 보시바라밀이라고 하는가? 소위 세 부분의 청정입니다. 무엇을 세 가지라 하는가 하면, 보살마하살은 보시할 때에 자기를 붙잡지 않고 받는 이를 붙잡지 않고 베푸는 물건을 붙잡지 않으며 또한 과보를 바라지도 않으니 이것을 세 부분이 청정한 보시바라밀이라고 말합니다.

　그럼 이제부터 여섯 가지 바라밀의 내용을 차례로 하나씩 알아보도록 하자.

# 1. 보시

보시는 베푼다는 뜻이다.

보시에는 재시(財施), 무외시(無畏施), 법시(法施) 등의 세 가지가 있다.

재시는 물질적인 것을 베푸는 행위다. 예를 들면, 배고픈 사람에게 식사를 대접하는 것, 아픈 사람에게 약을 주는 것 등, 물질적인 도움이 필요한 이들에게 돈이나 물자 등으로 도움을 주는 행위를 재시라고 한다.

무외시는 두려움을 없애주는 보시라는 뜻이다. 예를 들면, 부드러운 표정이나 말로써 상대방의 마음을 편안하게 해주는 것, 야생 동물이나 범죄, 자연재해 따위의 위험으로부터 구해주는 것 등이 여기에 해당한다.

법시는 가르침을 베푼다는 의미이다. 정법을 가르쳐주고, 이해시키고, 정신적인 성숙이나 수행의 발전을 돕는 행위 등이 여기에 해당한다.

대략 이와 같이 분류하였지만 경우에 따라서, 또는 생각하기에 따라 경계가 명확하지 않을 수 있다고 생각한다. 그러나 그런 것은 중요한 것이 아니고, 하여튼 물질적이건 정신적이건 타인에게 도움을 주는 행위가 모두 보시에 해당한다고 이해하면 될 것 같다.

# 2. 지계

지계는 계율을 받아서 지키는 것을 의미한다.

계율을 받아서 지키는 이유는 악업을 짓지 않고 선업을 증장시키며 거친 마음을 제어하고 정화하기 위해서다.

수지하는 주체에 따라 계율을 분류하면 일반 재가자의 계율, 출가 승려의 계율, 보살계 등이 있다.

재가자의 계율인 십선계(十善戒)는 다음과 같다.

① 살생하지 않기

② 훔치지 않기

③ 사음(邪淫)하지 않기

④ 거짓말 하지 않기

⑤ 이간질하는 말 하지 않기

⑥ 거친 말(욕이나 상처를 주는 말) 하지 않기

⑦ 쓸데없는 말 하지 않기

⑧ 탐욕하지 않기

⑨ 성내지 않기

⑩ 잘못된 견해를 내지 않기

출가승려의 계율에는 사미계, 사미니계, 비구계, 비구니계가 있다.

출가승려의 계율은 오직 그 계를 받은 사람에게만 공개가 허용된다.

지계는 자신의 수행을 위해 스스로 원해서 하는 것이다. 예를 들어 비구계를 받아서 지킬 수 있으면 지키면 되는 것이고, 지킬 수 없다고 생각되면 계를 반납하고 환속하면 된다. 어느 누구의 강요도 억압도 아니다.

계율을 지키면 지키는 만큼 선업이 쌓이고 계율을 범하면 범하는 만큼 악업이 쌓인다. 계율의 항목들은 죄의 경중에 차이가 있어서 어떤 계율은 범하는 즉시 완전히 파계가 되어 회복할 수 없는 경우가 있는가 하면, 대부분의 항목들은 율장에서 정한 의식에 따라 참회하여 다시 회복할 수 있다.

계율을 지킨다는 것은 생각보다 단순한 일이 아니어서 몇 가지 알아 두어야 할 것이 있다.

먼저, 출가 승려의 계율은 언제 어디서나 누구든지 보편적으로 지킬 것을 처음부터 정한 것이 아니고, 특정한 시대의 특정한 환경에서 특정한 상황에 따라 어떤 말썽이 일어났을 때마다 구체적으로 하나씩 제정된 것이다. 그러한 점을 생각해서 각 시대와 환경과 상황에 따라 그 계율의 취지를 취해서 지키는 것이지, 계율의 문자 그대로를 다 똑같이 지킬 수 있는 것도 아니고 그래서도 안 된다.

예를 들어 북극에 간 승려가 계율을 지킨답시고 인도에서 입는 승복 그대로 똑같이 입는다면 그것은 계율을 잘 지키는 것이 아니다. 그것은 부처님이 하지 말라고 한 쓸데없는 고행일 뿐이다.

계율은 수행을 위해서지, 계율 자체를 위해서 존재하는 것이 아니다. 추운 지방에서 맨살을 드러내고 얇은 천만 두르고 있는 것은 수행에 방해가 될 뿐, 어떤 이로움도 주지 않는다. 부처님이 만약 북극에서 사셨다면 인도에서 입는 승복과 같은 계율을 제정하셨을 리가 없지 않은가?

바로 그러한 점을 잘 생각해서 계율을 이해해야 한다.


다음으로, 비슷한 이야기인데, 지범개차(持犯開遮)라는 것이 있다. 계율을 지킬 때와 범할 때, 열고 닫을 줄을 알아야 한다는 말이다. 예를 들어 거짓말을 하지 말라는 계율을 지키기 위해 무고한 여러 사람이 불필요하게 다치는 상황을 만든다면 그것은 계율을 잘 지키는 것이 아니다. 그러한 상황에서는 거짓말하지 말라는 계율을 범해야 하는 것이다. 그것이 올바른 일이고 선업을 쌓는 일이다.

너무 당연한 이야기인데도 의외로 이런 이야기에 반발하는 승려들이 간혹 있다. 계율에 너무 집착하여 계율제일주의로 치달은 경우다. 이들은 계율에 융통성을 허용하면 방종하게 되므로 절대로 조금의 어김도 허용해선 안 되고 무조건 문자 그대로 철석같이 지켜야만 한다고 주장한다. 그런데 그들의 주장대로 그들 자신은 그렇게 지킬 수 있는가 하면 전혀 불가능하다. 그들이 그렇게 말할 수 있는 건 계율의 항목을 들여다 본 적이 없기 때문이다. 일단 한 번 들여다보기만 하면 문자 그대로 다 지킨다는 것이 현실적으로 맞지도 않고 불필요하다는 것을 알 수 있다. 지킬 수 없는 걸 지키자고 하는 건 전혀 무의미한 말이다.

계율지상주의, 계율문자주의는 부처님이 말씀하신 계금취견이라는 번뇌에 해당한다. 그것은 버려야 하는 것이다.

물론, 계율에 융통성을 허용하면 자신을 속이고 방종하는 일이 발생할 수 있다. 그렇다고 해서 지범개차의 필요성을 부정하는 것은 구더기 무서우니 장 담그면 안 된다는 식의 발상이다. 구더기는 구더기대로 처리하고 장은 장대로 잘 담가서 유익하게 써야 하는 것과 마찬가지로 방종은 방종대로 잘 방지하고 지범개차는 지범개차대로 반드시 필요한 것이다.

계율에 융통성을 허용해서 방종이 발생하는 폐해보다 융통성을 허용하지 않는 폐해가 훨씬 심각하다. 융통성을 허용해선 안 된다는 이런 극단적인 성향의 사람들이 세상에서 가장 위험한 종류의 사람들이다.

그렇지만 지범개차를 핑계로 제멋대로 행동한다면 그것도 계율의 의의를 무너뜨리고 악업을 쌓는 일이므로 스스로 잘 감시하여서 정직하게 지계 수행을 해 나가야 할 것이다.

다음으로, 보살계라는 것은 대승의 수행자가 받아 지켜야 할 계율을 가리킨다.

보살계를 받으면 그 이전에 받은 출가승려의 계율은 버리는 것이 아니라 함께 지켜야 한다. 어쩌다가 혹시 출가승려의 계율과 보살계가 상충하면 그러한 상황에선 보살계에 따른다.

보살계는 누구에게 받는가 하면, 대승의 경장에 해박하고 그 자신도 보살계를 받아 지키는 스승님으로부터 받는다.

보살계를 받는 의식은 다음과 같다.

먼저, 불법승 삼보와 대승의 큰 스승님들께 예경하고 공양 올리는 의식을 한다.

그 다음에, 보리심을 일으키는 의식을 거친 후 보살계의 구체적인 항목들을 받아 지닌다.

보리심을 일으키는 의식은 다음과 같은 게송을 세 번씩 반복한다.

삼보에 귀의합니다.

모든 죄업을 참회합니다.

중생들의 선업에 수희찬탄합니다.

부처의 깨달음을 마음에 새기겠습니다.

불법승의 삼보에

대각을 이룰 때까지 귀의합니다.

자타의 이익을 완전하게 이루기 위해

보리심을 일으키겠습니다.


보리심을 일으킨 후에

일체중생을 저의 귀빈으로 삼아

수승한 보살행을 실천하겠습니다.

중생을 위해 부처가 되게 하소서.


  실제로 보리심이 일어나지 않은 사람일지라도 보리심의 내용을 생각하고 그러한 마음을 내겠다고 생각하며 보살계를 받으면 그 자체만으로도 공덕이 크다고 한다.

  보살계의 구체적 내용에 대해서는 뒤에 첨부한 '보살계율보만'을 참고하기 바란다.

# 3. 인욕

인욕바라밀에는 '나를 해하는 자에게 무심한 인욕', '괴로움을 감내하는 인욕', '법을 확신하는 인욕' 등의 세 가지가 있다.

나를 해하는 자에게 무심한 인욕이란 누군가가 나를 때리거나 욕하거나 속이거나 어떤 손해를 입히더라도 그에 대해 화를 내거나 나쁜 마음을 일으키지 않는 것을 가리킨다.

괴로움을 감내하는 인욕이란 덥거나 춥거나 병들거나 등등의 여러 가지 괴로운 상황에서도 수행이나 선한 행위를 중단하지 않는 것을 가리킨다.

법을 확신하는 인욕이란 무아 또는 공(空)의 가르침에 대해 이해하고 확신하고 환희심을 내는 것을 가리킨다.

무아나 공에 대해 '참는다'는 표현을 쓴 이유는, 대부분의 사람들이 갖는 자연스러운 믿음에 반하는 진실이기 때문이다. 대부분의 사람들은 자아나 세상의 존재에 대해 강한 집착을 갖고 있어서 그 집착을 깨부수는 무아나 공의 가르침을 들었을 때 거부감을 갖기 쉽다. 그러한 거부감을 이겨내고, 나의 자연스런 집착에 반하는 진실을 참아내고 받아들였으므로 '법을 확신하는 인욕'이라 한 것이다.

# 4. 정진

정진이란 선행이나 수행에 나태함 없이 부지런히 힘쓰는 것을 가리킨다.

나태에는 하열한 것에 탐착하는 나태, 게으른 나태, 자신을 얕보는 나태 등의 세 가지가 있다.

하열한 것에 탐착하는 나태란 예를 들어 도박이나 유흥 등의 부질없는 행위에 빠져서 시간을 보내는 따위를 말한다.

게으른 나태란 일반적으로 게으르다고 말할 때의 그 의미와 같다.

자신을 얕보는 나태란 어떤 일을 시도하기 전부터 '내가 할 수 있을까?' 하고 겁을 내거나 자신의 능력을 과소평가하여 미리 포기해 버리는 것을 의미한다.

정진을 분류하면 피갑정진, 가행정진, 요익유정정진 등의 세 가지가 있다.

피갑정진이란, 얼마나 힘든 역경이 닥치든 또는 얼마나 오랜 시간이 걸리든 상관없이 반드시 이루고야 말겠다는 의지를 갖고서 지치거나 겁을 내거나 의지가 꺾이는 일 없이 정진하는 것을 의미한다. 그 의지와 용기가 마치 영웅과 같고, 역경과 고난을 이겨내는 것이 마치 외부의 무기로부터 몸을 보호하는 갑옷을 입은 것 같다 하여 '갑옷을 입은 정진'이라 이름 붙인 것이다.

가행정진이란, 자신의 성불을 위해서 필요한 복덕자량과 지혜자량을 쌓는 수행에 중단 없이 지속하거나 강력하게 수행하는 정진을 의미한다.

요익유정정진이란, 중생을 이롭게 하는 정진이라는 말로서, 사섭법을 행하는 정진을 의미한다.

사섭법이란, 보살이 중생을 불도에 끌어들이기 위한 네 가지 방법 즉, 보시섭, 애어섭, 이행섭, 동사섭 등을 가리킨다.

보시섭이란 중생이 좋아하는 재물이나 법 등을 보시하여 끌어들이는 것이다.

애어섭이란 부드러운 말로 중생을 끌어들이는 것이다.

이행섭이란 중생이 원하는 것 또는 이로운 행위를 하여 끌어들이는 것이다.

동사섭이란 중생의 뜻이나 행동에 맞추어 함께 행동하며 끌어들이는 것이다.

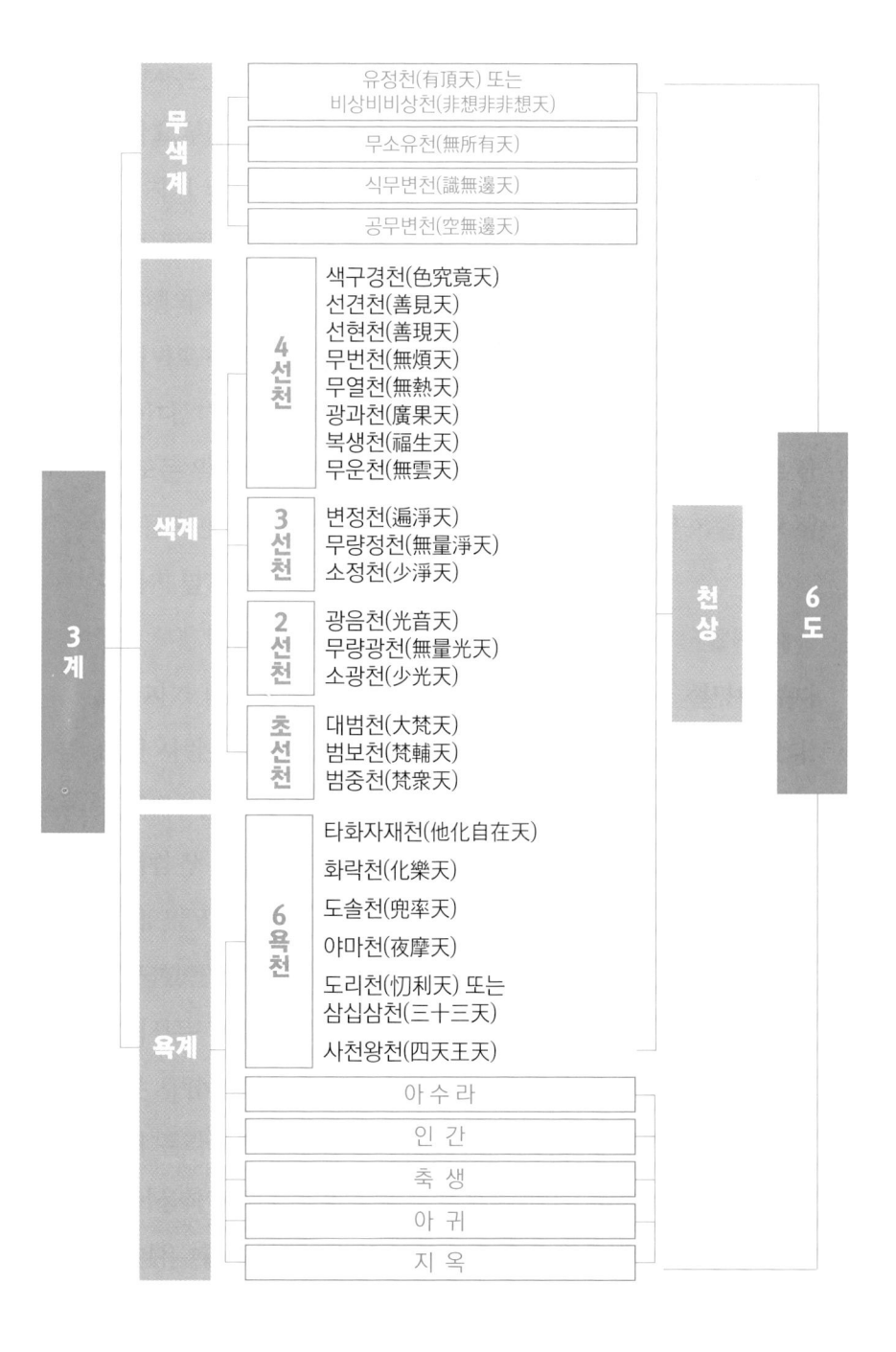

| | | | 유정천(有頂天) 또는<br>비상비비상천(非想非非想天) | | |
|---|---|---|---|---|---|
| | 무색계 | | 무소유천(無所有天) | | |
| | | | 식무변천(識無邊天) | | |
| | | | 공무변천(空無邊天) | | |
| 3계 | 색계 | 4선천 | 색구경천(色究竟天)<br>선견천(善見天)<br>선현천(善現天)<br>무번천(無煩天)<br>무열천(無熱天)<br>광과천(廣果天)<br>복생천(福生天)<br>무운천(無雲天) | 천상 | 6도 |
| | | 3선천 | 변정천(遍淨天)<br>무량정천(無量淨天)<br>소정천(少淨天) | | |
| | | 2선천 | 광음천(光音天)<br>무량광천(無量光天)<br>소광천(少光天) | | |
| | | 초선천 | 대범천(大梵天)<br>범보천(梵輔天)<br>범중천(梵衆天) | | |
| | 욕계 | 6욕천 | 타화자재천(他化自在天)<br>화락천(化樂天)<br>도솔천(兜率天)<br>야마천(夜摩天)<br>도리천(忉利天) 또는<br>삼십삼천(三十三天)<br>사천왕천(四天王天) | | |
| | | | 아 수 라 | | |
| | | | 인 간 | | |
| | | | 축 생 | | |
| | | | 아 귀 | | |
| | | | 지 옥 | | |

# 5. 선정

선정이란 지(止:집중명상)와 관(觀:관찰명상)을 통해 감각적 대상에 대한 번뇌와 집착이 사라져서 마음이 지극히 안정되고 미세해지고 맑아져 있는 상태를 가리킨다.

이러한 선정을 통해 무아의 진실을 눈으로 보듯이 생생하게 직관하면 아집의 뿌리가 점차 약화되다가 결국 완전히 뿌리 뽑히는 순간이 온다. 그때가 바로 해탈의 순간이다.

선정을 통해 무아의 진실을 처음으로 눈으로 보듯이 생생하게 직관하는 순간은 견도로 들어가는 순간이다. 필자가 보기엔 많은 이들이 바로 여기서 궁극의 깨달음을 얻었다고 생각하고 더 이상 수행이 필요 없다고 생각한 것 같다. 그러나 무시이래로 이어져 온 아집의 뿌리는 잠깐 동안의 무아의 직관으로는 완전히 파괴되지 않는다. 진실을 직관하고 있는 동안엔 거짓의 환영이 사라지고 활동이 멈추지만 선정에서 나와 일반적인 의식으로 돌아오면 또 다시 거짓의 환영과 활동이 시작된다. 풀을 잘라도 땅속에 뿌리가 남아 있으면 계속해서 풀이 자라나오는 것과 같다.

아집의 뿌리가 제거되지 않으면 여러 번뇌가 계속 일어나고, 계속 악업을 짓고, 계속 윤회하게 된다. 그래서 수행은 무아의 진실을 처음으로 직관한 견도에서 끝나는 것이 아니라 지속적인 선정 수행으로 아집의 뿌리를 계속 약화시켜 나가는 수도의 단계 또한 필요하다.

일반적으로 한 가지 습관을 고치려면 그에 대항하는 행동을 일정 기간 지속해야 한다. 한 가지 습관의 힘을 그에 대항하는 다른 습관의 힘으로 꺾고 소멸시키는 것이다. 그렇다고 해서 습관을 들인 기간이 꼭 같아야 하는 것은 아니다. 예를 들어 담배를 피는 습관을 10년 동안 들였다고 해서 담배를 끊는데 똑같이 10년이 걸리는 것이 아니다. 하지만 담배 피우고 싶은 것을 한두 번 참았다고 해서 바로 담배를 끊은 것 역시 아니다. 그 참는 행위를 한동안 꾸준히 반복해야 어느 순간부터 일부러 참을 필요도 없이 더 이상 담배를 피우고 싶은 욕구가 일어나지 않게 된다.

아집과 '무아의 지혜'의 싸움은 이보다 더 유리하다. 왜냐하면 아집은 거짓에 바탕을 두고 있고 무아의 지혜는 진실에 바탕을 두고 있기 때문이다. 단순히 습관 대 습관의 싸움이 아니라 거짓을 바탕으로 한 습관과 진실을 바탕으로 한 습관의 싸움이다. 그러나 반복해서 말하지만 아집의 뿌리를 완전히 제거하는 데에는 어느 정도의 선정의 지속이 반드시 필요하다.

선정을 분류하면 초선, 제2선, 제3선, 제4선 등의 네 가지가 있다.

초선을 많이 닦으면 다음 생에 초선천에 나는 원인이 된다. 나머지 4선과 4무색정이 모두 마찬가지다.

보살은 4선뿐만 아니라 4무색정과 멸진정(상수멸정)까지 합해 9가지 정(定)을 모두 숙달해야 한다.


정(定), 지관(止觀), 선정, 이런 용어들은 의미가 헷갈릴 수 있으므로 여기서 한꺼번에 개념 정리를 하고 가는 것이 좋을 것 같다.

먼저, 정(定)이란 범어(산스끄리뜨) '사마디'의 의역이다. 한자로 음역하면 삼매라고 한다. 일반적으로는 의식이 한 대상에 두 찰나 이상 주의집중을 유지하고 있는 것을 의미하므로 모든 사람이 기본적으로 갖추고 있는 정신작용의 하나다. 이 정신작용을 계발해서 특별한 경지가 되면 그 삼매의 대상이나 특성에 따라 갖가지 이름을 붙이게 된다. 그래서 삼매라면 어떤 신비롭고 특별한 것만 생각하는 사람도 있는데 그 본래 의미를 혼동하지 말아야 한다.

다음으로, 지관 중에서 지(止)는 범어에선 '샤마타'이다. 의식의 주의를 한 가지 대상에 고정시키는 것을 의미한다. 즉, 한 순간엔 이것을 생각했다가 다음 순간엔 또 다른 것을 생각했다가 하는 것이 아니라, 하나의 대상에만 지속적으로 주의를 집중하고 있는 것을 가리킨다.

지를 완성하기 위해서는 다음과 같은 구주심(九住心: 마음집중 9단계)을 거친다.

① 내주(內住: 안으로 거둠) : 외부로부터 마음을 안으로 거두어들여 한 대상에 집중시키는 단계. 마음이 대상에 잠깐씩밖에 집중하지 못하고 자주, 자주 흩어진다. 잡념이 평소보다 더 많이 일어나는 것처럼 느낄 수도 있다. 그러나 실제로 잡념이 많아진 것이 아니라 마음을 살펴보기 때문에 잡념들을 더 잘 알아차리게 된 것이다.

② 속주(續住: 연속집중) : 마음이 대상에 집중되는 시간이 처음보다 조금 늘어난 단계.

③ 안주(安住: 반복적으로 거두어 집중) : 밖으로 흩어진 마음을 알아차려서 다시 대상으로 마음을 돌려 집중시키는 단계. 첫 번째와 두 번째 단계에서는 마음이 대상에 머무는 시간보다 흩어지는 시간이 길지만, 세 번째 단계부터는 흩어지는 시간보다 머무는 시간이 길어진다.

④ 근주(近住: 미세한 집중) : 마음을 반복적으로 안으로 거두어들인 결과로 마음이 미세해진 상태로 머무는 단계.

⑤ 조복(調伏: 제어) : 네 번째 단계에서 억념의 힘이 강해진 결과

로 혼침이 일어나면 살핌에 의해 혼침을 알아차린 후 사마디의 공덕을 생각해서 마음을 일깨우는 단계.

⑥ 적정(寂靜: 가라앉힘) : 다섯 번째 단계에서 마음을 일깨운 결과로 마음이 들뜨면 산란의 허물을 생각해서 가라앉히는 단계.

⑦ 최극적정(最極寂靜: 지극한 고요) : 억념과 살핌의 힘이 강력하게 되어 미세한 혼침이나 들뜸, 잡념들이 일어나는 즉시 제거되는 단계.

⑧ 전주일취(專注一趣: 일념집중) : 마음이 대상으로부터 전혀 벗어나지 않는 일념집중이 이루어졌지만 약간의 노력이 있는 단계.

⑨ 등주(等住: 고른 집중) : 아무런 애씀 없이 대상에 일념으로 원하는 만큼 머물 수 있는 단계.

구주심의 아홉 번째 단계를 성취한 이후 경안이 생겨나면 지가 완성된 것이다.

경안이란 몸과 마음이 지극히 가볍고 편안한 상태를 말한다. 그러나 경안을 성취하면 반드시 몸의 경안을 성취해야 하는 것은 아니다. 왜냐하면 무색계의 유정들에게는 몸이 없지만 경안은 있기 때문이다.

관(觀)은 범어에선 '위빠사나'이다. 문자적으로는 뛰어나게(특별하게) 본다는 의미이며, 매 순간 의식이 주시하는 대상의 상태나 본질을 알아차리는 것을 가리킨다. 지를 수행하는 방식과는 달리 의식의 주의를 일부러 한 대상에 고정시키지 않고 그저 의식의 주의가 무엇을 향하든 의식에 보이는 그대로를 관찰하는 방식이다.

부처님께서 설하신 관 수행의 대상에는 몸, 느낌, 마음, 법, 이렇게 네 가지가 있다. 이것을 사념처(四念處)라고 한다.

사념처를 관하는 구체적인 방법은 구사론과 남방불교의 설명이 약간 다르다. 필자가 보기에 실제적으로 수행을 하기에는 남방불교의 설명이 나은 듯하므로 본서에선 남방불교 방식으로 설명하도록 하겠다.

먼저, 몸(신념처)은 호흡을 관하는 방식과 동작을 관하는 방식이 있다. 주로 좌선 시엔 호흡을 관하고, 움직일 땐 몸의 동작을 관한다. 반드시 그렇게 해야 되는 것은 아니고 대체로 그런 식으로 하면 잘 되기 때문에 주로 그렇게 가르친다.

호흡을 관하는 방법은, 숨을 내쉴 땐 내쉬는 것을 알아차리고, 호흡이 멈출 땐 멈춘 것을 알아차리고, 숨을 들이쉴 땐 들이쉬는 것을 알아차리는 것이다. 또한 호흡이 거칠 땐 거칠다고 알아차리고, 미세할 땐 미세하다고 알아차리고, 그 모든 호흡의 변화를 매순간 알아차리는 것이 모두 호흡을 관하는 방법에 해당한다.

몸의 동작을 관하는 방법은, 예를 들어 걸어갈 때 발이 바닥에서 떨어지면 발이 바닥에서 떨어지는 것을 알아차리고, 발이 앞으로 나아가면 앞으로 나아가는 것을 알아차리고, 발이 바닥에 닿으면 닿는 것을 알아차리는 것이다. 이외에도 손가락이 움직일 때 손가락이 움직이는 것을 알아차리고 눈이 깜박일 때 깜박이는 것을 알아차리는 등 몸에서 일어나는 어떤 동작이건 매순간 그때그때 알아차리는 것이 몸의 동작을 관하는 방법이다.

두 번째로, 느낌을 관하는 방법은, 정신적인 느낌이나 육체적인 느낌 등 어떠한 느낌이 일어나든 일어나는 그대로 매 순간 알아차리는 것이다. 좋은 느낌이 일어나면 좋은 느낌이 일어난다고 알아차리고, 괴로운 느낌이 일어나면 괴로운 느낌이 일어난다고 알아차리고, 좋지도 괴롭지도 않은 느낌이 일어나면 좋지도 괴롭지도 않은 느낌이 일어난다고 알아차리는 방법이다.

세 번째로, 마음을 관하는 방법은, 마음에 어떤 생각이나 감정이 일어나든 일어나는 그대로 매순간 알아차리는 것이다. 분노가 일어나면 분노가 일어난다고 알아차리고, 탐욕이 일어나면 탐욕이 일어난다고 알아차리고, 그와 같이 기쁨, 불안, 자만, 질투, 지루함, 등등 마음에 일어나는 현상을 일어나는 그대로 관하는 방법이다.
이와 같이 관을 행함으로써 또한 이러한 것들이 무상하고, 괴롭고, 무아라는, 즉 3법인의 진실을 알아차리고 체험하는 것이 바로 법을 관하는 방법이라고 한다.
다시 간단히 정리하면 지는 한 대상에 주의를 고정시키는 명상 방법이고, 관은 의식이 주의를 향한 대상을 있는 그대로 실시간으로 관찰하는 명상 방법이다.

그러나 이는 마음의 주요 작용을 기준으로 차이를 구분한 것이지, 지를 수행한다고 해서 거기에 꼭 관의 작용이 없는 것이 아니고, 관을 수행한다고 해서 꼭 거기에 지의 작용이 없는 것은 아니다.

지관의 방법을 떠나서 명상수행을 할 수 있는 어떠한 방식도 없으므로 모든 명상수행은 지관에 다 포함된다.

대승불교에선 지를 먼저 완성하고, 그 다음에 관을 완성한 후, 지관쌍수를 통해 무아를 직관하는 지혜를 일으키는 방법을 주로 설명한다.

지관쌍수에 의해 깨달음을 얻는 원리는 전등을 비유로 설명하면 이해하기 쉽다. 깜깜한 밤에 전등을 켜고 물체를 비추면 그 물체를 알아볼 수 있게 된다. 그런데 만약 전등을 한 곳에 비추지 않고 자꾸 이리저리 움직이면 제대로 알아보기가 힘들다. 지가 부족하면 진리를 깨닫기 어려운 이유가 이와 같다. 한 대상에 주의를 집중하는 것은 전등을 움직이지 않고 한 곳을 오랫동안 비추는 것과 같다.

그런데 한 곳을 오랫동안 비추더라도 전등의 빛이 밝지 못하면 역시 대상을 알아보기 힘들다. 관이 부족하면 진리를 깨닫기 어려운 이유가 이와 같다. 전등의 불빛이 환해야 대상을 알아볼 수 있는 것처럼 관의 힘이 강해야 진리를 깨달을 수가 있다.

이제 사선과 사무색정을 설명할 차례다.

사선은 선정의 요소들의 차이를 통해서 구분되고, 사무색정은 인식 대상의 차이를 통해서 구분된다.

그렇다면 먼저 사선의 요소들 간에 어떠한 차이가 있는가 하면 다음과 같다.


① 초선의 다섯 가지 요소 : 거친 사유(尋), 미세한 사유(伺), 기쁨(喜), 좋은 느낌(樂), 마음집중(心一境性)


② 제2선의 네 가지 요소 : 내면의 지극한 맑음, 기쁨, 좋은 느낌, 마음집중


③ 제3선의 다섯 가지 요소 : 억념(念), 살핌(正知), 평온(捨), 좋은 느낌, 마음집중


④ 제4선의 다섯 가지 요소 : 청정한 억념, 청정한 평온, 불고불락(不苦不樂)의 느낌, 마음집중


제2선의 요소 중에서 내면의 지극한 맑음이란 구사론에서는 신심이라 해석하고, 대승학파들의 견해에선 억념, 살핌, 평온 등의 세 가지를 가리킨다고 본다.

제3선의 요소 중에서 좋은 느낌이란 기쁨이 잦아든 몸의 안락을

가리킨다. 억념이란 의식의 대상에 주의를 유지하는 것을 가리키고, 살핌이란 자신의 몸이나 마음의 상태를 감시하는 정신작용을 의미하며, 평온이란 미세하고 거친 사유와 기쁨 등이 잦아듦으로써 그것들로 인한 내면의 불균형이 사라진 상태다.

초선에서도 억념과 살핌과 평온이 있는데 요소 중에 헤아리지 않고, 제2선에서는 '내면의 지극한 맑음'이라는 다른 표현을 쓰고, 제3선에서야 제 이름으로 말한 이유는 섭결택분에 다음과 같이 설하였다.

> 초선에서는 억념, 살핌, 평온을 사유와 고찰을 통해서 실행하기 때문에 있어도 말하지 않았다. 제2선에서는 자체적으로 작용하지만 환희심의 번뇌에 속박되기 때문에 지극한 맑음이라는 이름으로 말하였다. 제3선에서는 마음의 부수적 번뇌를 여의었으므로 그 자신의 특성으로만 나타내었다.

제4선의 요소 중에서 억념과 평온을 청정하다고 한 이유는 선정에서의 여덟 가지 과실을 여의었기 때문이다.

선정에서의 여덟 가지 과실이란 거친 사유, 미세한 사유, 마음의 좋은 느낌, 마음의 괴로움, 몸의 좋은 느낌, 몸의 괴로움, 내쉬는 숨, 들이쉬는 숨 등이다. 그러나 이것들은 오직 제4선을 기준으로 해서만 과실이라 한 것일 뿐 그 외의 선정에서는 과실이 아니다.

또 사선정을 느낌의 변화를 중심으로 설명하면, 초선은 마음의 괴로움에서 벗어나고, 제2선은 몸의 괴로움에서 벗어나며, 제 3선은 마음의 좋은 느낌에서 벗어나고, 제4선은 몸의 좋은 느낌에서 벗어난다.

네 가지 선정 중에서 제4선이 지관의 균형이 가장 잘 잡혀 있어서 출세간도로 사용하기 가장 용이하다고 한다.

출세간도란 무아를 직관함으로써 아집을 파괴하여 윤회로부터 벗어나게 하는 지혜를 의미한다.


다음으로 사무색정은 공무변처정(空無邊處定), 식무변처정(識無邊處定), 무소유처정(無所有處定), 비상비비상처정(非想非非想處定) 등의 네 가지를 가리킨다.

무색정은 모두 관보다 지가 강하고, 그중에서도 비상비비상처정이 지가 가장 강하다.

네 가지 무색정의 차이는 다음과 같다.


① 공무변처정 : 형상의 걸림을 여읜 무한한 허공을 명상한다.

② 식무변처정 : 무한한 허공의 인식에서 벗어나 무한한 심식을 명상한다.

③ 무소유처정 : 심식에 대한 집착에서 벗어나 아무것도 존재하지 않음을 명상한다.

④ 비상비비상처정 : 무(無)에 대한 인식 역시 병과 같이 보아 거친 인식은 없지만 아주 미세한 인식에 머문다.

마지막으로 멸진정(상수멸정)이란 무엇인가 하면, 비상비비상처정의 상태에서 출세간도를 일으킨 후 그에 의지해서 생각과 거친 느낌의 흐름을 모두 없앤 상태를 가리킨다.

비상비비상처정과 출세간도에 의지해서 생겨나므로 그 두 가지의 성취가 멸진정 성취의 기본 조건이다. 그러므로 소승에서는 신증불환과와 팔해탈을 성취한 아라한, 인유독각 등에 있고, 대승에서는 견도 이상에서 성취한다.

일반적으로 사무색정의 수행은 사무색계에 태어나는 원인이 되지만, 보살 성자들은 사무색계의 업의 힘으로 환생하게 하는 요소들을 제거하였고, 또 이타의 서원의 힘에 의해 환생하므로 보살 성자들의 경우에는 사무색정의 수행이 사무색계의 이숙과를 가져오는 일은 없다고 한다.

# 6. 반야

반야는 다른 말로 '지혜'라고도 번역한다.

일반적으로 지혜를 분류하면 문혜(들어서 생기는 지혜), 사혜(사유해서 생기는 지혜), 수혜(명상으로 생기는 지혜) 등의 세 가지가 있다.

어떤 이들은 간혹 지혜라고 하면 뭔가 대단히 신비로운 것만을 생각하거나 오직 직관적 지각만을 의미하는 줄로 생각하기도 하는데 그렇지 않다. 평범한 의식 상태에서 분별식으로 대상을 지각하는 지혜도 모두 지혜에 포함된다.

지혜의 분류에는 또 세간혜, 출세간혜, 대출세간혜 등의 세 가지가 있다.

세간혜는 해탈도와 상관없이 일반적인 갖가지 대상을 지각하는 지혜이다.

출세간혜는 윤회로부터 벗어나게 하는 지혜라는 말로서, 무아를 지각한 지혜를 가리킨다.

대출세간혜는 대각(부처의 깨달음)을 성취하게 하는 지혜로서, 보리심을 바탕으로 공성을 지각한 지혜를 가리킨다.

보살이 수행하는 반야바라밀의 지혜는 대출세간혜에 해당한다.

반야바라밀 수행이란 보리심을 바탕으로 공성을 지각하는 수행을 의미한다.


대승불교의 가장 핵심적인 두 단어를 말하라 하면 바로 '보리심'과 '공성(空性)'이다. 대승불교를 이해하려면 이 두 가지를 반드시 이해해야 한다.

공성의 의미에 대해서는 많은 설명이 필요하므로 다음 장에 이어서 자세히 설명하기로 하고 여기서는 간략한 설명만 하고 넘어가도록 하겠다.

공성에 대해서는 유식파와 중관파의 견해가 다르고, 중관파 중에서도 중관자립파와 중관귀류파의 견해가 또 약간 다르다.

티벳불교는 중관귀류파의 견해를 가장 수승하다고 보므로 본서 역시 중관귀류파의 견해로 설명하도록 하겠다.


공성이라는 것은 존재의 비실재성을 의미한다.

앞서 무아에 대해 조금씩 설명을 하였는데, 자아에 실체가 없다는 것이 바로 자아의 비실재성이고, 자아의 공성이다.

자아를 바탕으로 공성을 나타내면 그것을 다른 말로 '미세한 인무아(細品人無我)'라 하고, 자아 이외의 존재 예를 들어 돌멩이 따위를 바탕으로 공성을 나타내면 그것을 법무아(法無我)라 한다.

무아의 진실과 정반대로 취한 것을 아집이라 한다.

정리하면 다음과 같다.


* 거친 인아집 : 개아에 상일주재의 자아가 있다고 취한 것

　　　　　　　　개아에 독립적인 실체의 자아가 있다고 취한 것


* 거친 인무아 : 개아에 상일주재의 자아가 없음

　　　　　　　　개아에 독립적인 실체의 자아가 없음


* 미세한 인아집 : 개아가 실재라고 취한 것

　　　　　　　　　(개아에 실체가 있다고 취한 것)


* 미세한 인무아 : 개아가 실재가 아님 (개아에 실체가 없음)


* 법아집 : 법을 실재라고 취한 것 (법에 실체가 있다고 취한 것)


* 법무아 : 법이 실재가 아님(법에 실체가 없음)


거친 인아집에는 예로 제시한 두 가지 외에 다른 형태도 있을 수 있다. 예로 제시한 두 가지는 상대적으로 좀 더 미세하고 거친 차

이가 있다. 전자가 더 거칠고 후자가 더 미세하다.

먼저, 개아에 상일주재의 자아가 있다고 취했다는 것은, 개아에게는 변함없이 영원하고, 부분으로 이루어짐 없이 단일하며, 원인과 조건에 의해 지배되지 않는 자아가 있다고 취했다는 의미다.

다음으로, 개아에 독립적인 실체의 자아가 있다고 취했다는 것은 개아에게는 오온과는 전혀 별개의 독립적인 자아가 있다고 취했다는 의미다.

오온이라는 말이 어렵다고 느껴질 분들을 위해 좀 더 쉽게 설명하자면, 인간을 구성하는 육체와 정신 이외에 따로 별개의 독립적인 어떤 영혼 같은 것이 있다고 취한 경우가 바로 이러한 경우에 해당한다.

미세한 인아집의 두 가지는 같은 뜻이므로 괄호 처리를 하였다.

'독립적인 실체'를 취한 것과 그냥 '실체'를 취한 것에는 거칠고 미세한 차이가 있다.

이상과 같이 본다면 소승의 수행자들도 반드시 공성을 깨달아야 한다는 결론이 된다. 해탈을 성취하기 위해서는 거친 인아집과 미세한 인아집을 다 제거해야 하는데, 미세한 인아집을 제거하는 것이 바로 공성을 직관하는 지혜이기 때문이다.

그렇다면 부처님께서 당연히 소승의 수행자들에게도 공성을 설하셨을 것이다. 즉, 소승의 경전에 공성을 설한 말씀이 있어야 한다는 얘기다. 귀류파는 여기에 다음과 같은 말씀을 제시한다.

색(色)은 기포와 같고 수(受)는 물거품과 같고 상(想)은 신기루와 같고 행(行)은 파초와 같으며 식(識)은 환(幻)과 같다.

색, 수, 상, 행, 식의 오온 즉, 개아를 구성하는 모든 부분들이 다 실체가 없어서 개아에는 실체가 없음을 설한 이러한 소승 경전의 말씀들이 바로 공성을 나타낸 말씀이라는 것이다.

그렇다면 소승과 대승이 지혜에 있어서 전혀 차이가 없는가 하면 그렇지는 않다. 소승은 주로 인무아만을 명상한다. 왜냐하면 돌멩이 같은 것을 두고 공성을 명상하는 것보다 자기 자신의 공성을 명상하는 것이 아집을 제거하는 데 훨씬 더 강력하고 빠르기 때문이다.

그러나 대승의 수행자는 아집뿐만 아니라 아집의 습기까지도 제거해야 한다. 아집의 습기가 무엇인가 하면 주로 생선과 비린내로 비유한다. 생선을 종이에 싸서 놓으면 생선을 없애더라도 종이에는 생선의 비린내가 오랫동안 남아 있다. 즉, 아집의 습기란 아집의 오염이 남겨 놓은 어떤 영향력 같은 것을 의미한다고 보면 될 것 같다.

아집의 습기가 남아 있으면 이종현현이 일어난다. 이종현현이란 세속제(일반적 진실)와 승의제(궁극적 진실)가 전혀 별개처럼 나타나 보이는 현상이다. 또, 세속제를 직관하는 동안엔 승의제를 직관하지 못하고, 승의제를 직관하는 동안엔 세속제를 직관하지 못한다.

세속제와 승의제를 동시에 직관하는 능력은 오직 부처님만이 갖고 있다고 한다. 예를 들어 부처님은 돌멩이를 눈으로 보고 있는 순간에도 그와 동시에 돌멩이의 공성을 눈으로 보듯이 생생하게 직관한다는 것이다.

아집의 습기와 이종현현의 착란을 소지장이라 한다. 일체종지를 성취하는 데 주로 방해가 되는 장애라는 뜻이다. 일체종지의 의미에 대해선 뒤에 부처의 4신을 설명할 때 설명하기로 한다.

해탈을 성취하는 데 주로 방해가 되는 것은 번뇌장이다. 번뇌장과 번뇌는 같은 뜻이다. 해탈을 성취하려면 번뇌를 제거해야 하고, 모든 번뇌의 뿌리는 아집이다. 물론 아집 그 자신도 번뇌다.

정리하면 다음과 같다.


소승의 주요 목표 : 번뇌장 제거 = 해탈
대승의 주요 목표 : 소지장 제거 = 성불
번뇌장 : 번뇌, 아집, 실집
소지장 : 실집의 습기, 이종현현의 착란


상술하였듯이, 번뇌장을 제거하기 위해선 미세한 인무아만 명상하면 되지만 소지장까지 제거하기 위해선 인무아와 법무아를 모두 명상해야 하고, 그것도 무수한 대상들을 두고서 다양한 방식으로 명상해야만 한다. 이것이 바로 소승과 대승의 지혜의 차이다.

그렇다면 소승도를 거치지 않고 바로 대승도로 들어갔을 경우 번뇌장이 제거되는 시점이 언제인가 하면, 유식파와 중관자립파는 번뇌장 제거와 소지장 제거, 성불을 모두 동시로 본다.

중관귀류파는 보살 8지에서 번뇌장이 먼저 제거되고, 이후 소지장이 제거됨과 동시에 성불한다고 본다. 이러한 견해 차이는 2장(번뇌장과 소지장)과 공성에 대한 견해 차이 때문에 발생한 것이다.

중관귀류파의 견해에 따르면 보살 8지는 해탈을 성취한 아라한이다.

실집의 습기가 소지장이기 때문에 실집이 완전히 제거되고 나서야 비로소 소지장의 제거 작업이 시작된다. 생선부터 완전히 치우고 나야 비로소 종이에 스며있는 생선 비린내도 제거할 수 있는 것과 마찬가지다.

그러므로 실집이 완전히 제거된 제8지부터 소지장의 제거 작업을 시작해서 9지와 10지를 거쳐 보살 10지의 최후무간도인 금강삼매에 의해 소지장이 완전히 뿌리 뽑히면 바로 그 순간 부처의 4신이 모두 성취된다.

# 공성

부처님께서 경전에 다음과 같이 말씀하셨다.

이것이 있으면 그것이 있고,

이것이 없으면 그것이 없다.

이것이 생기면 그것이 생기고,

이것이 멸하면 그것이 멸한다.

이것은 연기법(緣起法)의 의미를 단적으로 나타내신 말씀이다.

연기법이란 부처님께서 깨달으신 진리로서, 존재하는 모든 것들이 자신 외의 다른 존재에 의지하고 관련 또는 상대해서 성립한다는 것이다.

중관파의 시조인 용수(나가르주나) 스님은 이 연기의 가르침을 공성(空性)으로 해석하였다.

중론(中論)의 제24품 18, 19번째 게송에 다음과 같이 말씀하셨다.

의지하고 관련해서 얻어진 모든 것
그것을 공성으로 말한다.
그것은 의지해서 가립한 것이니
바로 그것이 중도이다.


연기가 아닌
어떤 법도 존재하지 않는다.
그러므로 공하지 않은
어떤 법도 존재하지 않는다.


이것은 연기(緣起)를 근거로 공성을 논증한 것이다. 논증식으로
표현하면 다음과 같다.

"X는 공하다(비실재다). 의지하고 관련해서 얻어진 것이기 때
문에."

X에는 무엇을 집어넣건 상관이 없다. 예를 들어 X에 자아를 집어
넣으면 자아의 공성을 지각하는 논증이 되고, 우주를 집어넣으면
우주의 공성을 지각하는 논증이 된다.

공성의 논증에는 여러 가지가 있지만 그중에서도 이 연기 논증을 논리의 왕이라고 부른다. 왜냐하면 연기법은 세속제(일반적 진실) 와 승의제(궁극적 진실) 양쪽을 모두 명료하게 드러내 보임으로써 단견(무견)과 상견(유견)을 물리치는 효능이 대단히 탁월하기 때문이다.

먼저, 세속제를 드러내는 내용은 다음과 같다.

부처님께서는 존재하는 모든 것들이 자신 이외의 다른 존재와 관련하고 의지해서 생겨난다고 하셨다. 이와 같이 세상의 모든 존재들이 어떻게 존재하고 있는가 하는 존재 방식을 설명하였으므로 아무것도 존재하지 않는다는 단견을 확실하게 부정해 주며, 이 세상의 모든 일반적 진실과 존재들 즉, 세속제를 인정하고 설명하는 데 아무런 장애를 가져오지 않는다.

승의제를 드러내는 내용은 다음과 같다.

만약 어떠한 것이 실재한다면 그것은 자신 이외의 다른 대상에 의존함이 없이 스스로 독립적으로 존재해야만 한다. 다른 대상과의 관련에 의해서만 자신의 존재를 얻는다면 그것은 결코 실재일 수 없다. 연기법은 이와 같이 세상의 어떤 존재도 실재일 수 없음을 강력하게 나타내어 실재를 취하는 상견을 극도로 물리친다.

이와 같이 탁월한 연기법은 불교의 핵심일 뿐만 아니라 불교를 떠나 일반적인 지식으로서도 이 세상의 현상을 이해하는 깊은 지혜를 주는 가르침이므로 잘 이해해 두면 크나큰 이익이 아닐 수 없다.

그중에서도 특히 연기법이 공성을 나타내는 방식은 위와 같은 짤막한 언급만으로는 충분히 이해될 수 없으므로 좀 더 자세히 설명하고자 한다.

연기법을 좀 더 세밀히 분석하면 세 가지 의미를 얻을 수가 있다.

첫 번째 의미는 다음과 같다.

이 세상의 모든 유위법(구체적인 작용을 하는 현상적 존재)은 그냥 아무 이유 없이 생겨나는 게 아니라 그 앞의 무수한 원인과 조건들에 의해 생겨난다. 그러므로 이러한 존재들은 독립적인 존재가 아니라 원인과 조건들에 의존해 있는 연기의 존재들이다.

연기의 두 번째 의미는 다음과 같다.

이 세상에 존재하는 모든 것들은 자신을 구성하는 여러 부분들이 모여 이루어진 것이다. 부분이 없으면 전체 역시 존재할 수 없다. 그러므로 이러한 존재들은 독립적인 존재가 아니라 자신의 부분에 의지해서만 존재할 수 있는 연기의 존재들이다.

연기의 첫 번째 의미는 유위법에만 해당되지만 이 두 번째와 마지막 세 번째의 의미는 무위법까지 포함해서 모든 존재가 다 해당된다.

유위법들이 부분에 의존하는 의미는 이해하기 쉽다. 예를 들어 우리의 육체는 머리, 팔, 다리, 몸통, 내장 등의 무수한 부분들로 이루어져 있다. 이 부분들이 모여 있어야 사람의 육체라는 것이 존재하는 것이지, 그 부분들이 없으면 육체라는 것도 존재하지 않는다.

마찬가지로 돌멩이가 부분들로 이루어졌다거나 마음의 정신작용이 부분들로 이루어졌다거나 이러한 의미는 누구든지 쉽게 이해할 수 있다. 그러나 열반이나 공성 같은 무위법들이 부분에 의존한다는 것은 언뜻 이해하기 어려울 수 있으므로 약간 설명을 하도록 하겠다.

무위법이라 하더라도 반드시 그것의 의미와 내용을 갖고 있다. 의미나 내용이 없다면 그것은 존재가 아니다. 그런데 의미와 내용들은 역시 모두가 부분으로 이루어져 있다. 그러므로 무위법들도 역시 부분에 의존해 있는 것이다. 한번 공성을 예로 들어 생각해 보자.

공성은 상변(유변)도 벗어나고 단변(무변)도 벗어난 중도의 의미를 갖고 있다. 상변을 벗어난 의미가 없어도 공성이 아니고 단변을 벗어난 의미가 없어도 공성이 아니며 중도라는 의미가 없어도 공성이 아니다. 이와 같이 공성이라는 존재 역시 그 자신의 부분들에 의지해서 존재한다.


연기의 세 번째 의미는 이 세상의 모든 존재는 그것을 대하는 정신작용에 의지해서 성립한다는 것이다. 이것은 이해하기 어려운 연기의 가장 깊은 수준의 의미이다. 이러한 의미는 옛날이라면 정말로 이해하기도 힘들고 받아들이기도 힘든 이야기였을 것이다. 그러나 우리에게는 옛날 사람들이 갖지 못했던 엄청난 지식 도구들이 있다. 비유를 하자면 옛날에는 아무리 힘이 장사라도 부수기 어려운 물건들을 현대의 사람들은 무기나 기계 등을 이용해서 육체적으로 나약한 사람들도 쉽게 부술 수가 있다. 과학자들은 이와 비슷한 의미로 '거인의 어깨에 올라탄 난쟁이' 비유를 흔히 사용한다. 뉴턴과 같이 위대한 과학자의 이론에서 허점을 지적할 수도 있고 뉴턴이 알고 있던 것보다 훨씬 더 깊은 진실을 알고 있는 현대의 수많은 과학자들은 뉴턴보다 더 위대하기 때문이 아니라 뉴턴이나 아인슈타인을 비롯해서 수많은 거인들의 어깨 위에 올라타서 보고 있기 때문이다. 이와 같이 우리들은 과거의 거인들의 어깨에 올라타서 바라볼 수 있는 이점을 누린다.

그러나 부처님을 비롯한 불교 스승들이 보고서 가르치신 궁극적 진실은 그보다 더 깊은 다른 진실이 없기 때문에 우리가 더 깊이 볼 수는 없다. 다만 더 쉽게 이해하고 더 쉽게 설명할 수 있을 뿐이다. 그렇다면 이제 거인의 어깨 위에 올라탄 난쟁이인 필자가 과거의 사람들에겐 없었지만 우리들에겐 있는 현대의 과학 지식을 가지고서 연기의 세 번째 의미를 좀 더 쉽게 설명해 보고자 한다.

연기의 세 번째 의미를 가장 극명하게 이해할 수 있는 사례는 색깔의 존재 방식이다. 색깔은 다음과 같은 방식으로 그 존재를 얻는다.

빛이 물체에 부딪히면 물체 표면의 원자 구조에 따라 일부는 물체에 흡수되고 일부는 튕겨져 나온다. 튕겨져 나온 그 일부가 우리의 눈에 도달하면 시각기관의 신경조직이 두뇌에 신호를 전달하여 우리의 두뇌가 그것을 어떠한 모습으로 해석한 것이 바로 색깔이다.

즉, 색깔이라는 것은 우리가 거기에 있다고 느끼는 그 모습 그대로 거기에 존재하는 것이 아니라 이러한 여러 현상들의 합작으로 우리의 의식 속에만 나타나 보이는 현상이다. 이렇게 색깔이라는 합작품을 만들어낸 여러 요인들 중에서도 가장 비중이 큰 것은 우리 자신의 정신작용이다. 단순하게 말하면 색깔이라는 것은 문자 그대로 우리의 정신작용에 의지해서 성립한 존재인 것이다. 정신작용과 관련 없이 존재하는 색깔이란 없다. 이것은 단순한 이론이 아니라 과학이 실증해서 밝혀낸 엄연한 과학적 진실이다.

그렇다면 이제 소리, 냄새, 맛, 촉각대상 등 우리의 감각의 대상들이 존재하는 방식 역시 마찬가지로 이해할 수 있다. 우리가 보고 듣고 냄새 맡고 맛보고 만지는 모든 대상들 역시 우리 자신의 정신작용을 비롯한 여러 현상들의 합작에 의해 그 존재를 얻는다.

이렇게 감각 기관에 의해 지각되는 물리적 존재가 아닌, 정신에 의해서만 지각되는 추상적 존재들이 그 정신에 의지해서만 성립한다는 것은 너무 당연한 이야기이므로 더 이상 설명할 필요도 없을 것이다.

이와 같이 우리의 정신작용에 의지하여 성립하지 않은 존재란 없다. 설사 우리의 감각이나 정신활동이 닿지 못하는, 우리의 인식 너머의 독립적인 어떤 존재가 있다 하더라도 그러한 존재는 어떤 방식으로도 입증이 불가능하고, 그것을 정의 내린 본질상 아예 그에 대한 어떤 관념을 갖는 것조차도 불가능하고, 무엇보다 우리의 존재와 삶에 어떠한 영향도 주고받지 못하므로 말해 보았자 완전히 무의미하고 쓸데없는 말장난에 불과하다.

그래서 부처님은 일체법 즉, 모든 존재를 6근(여섯 가지 인식 기관), 6경(여섯 가지 인식 기관의 대상), 6식(여섯 가지 인식 활동), 18계(6근+6경+6식)로 말씀하셨다. 정말 놀라운 분이 아닐 수 없다.

이상으로 연기의 세 가지 의미에 대해 설명하였다.

이러한 연기의 의미를 이해하면 이 세상의 모든 존재가 비실재라는 공성의 의미를 이해할 수 있다.

많은 이들이 공성을 오해하고서 잘못된 주장을 한다. 공성이 어떤 존재도 없다는 의미라거나 반대로 공성을 절대적인 실재로 생각하는 사람도 있다. 그러나 다시 말하지만 공성이란 어떤 것도 존재하지 않는다는 단변과 무엇인가가 실재한다는 상변을 벗어난 중도의 의미이다.

먼저, 공성은 일반적인 진실이나 존재들과 상충하지 않는다. 예를 들어 공성을 주장한다고 해서 돌멩이가 존재하지 않는다고 보아야 하는 것이 아니다. 돌멩이가 존재하는 데 어떻게 존재하는가, 그 존재 방식의 가장 깊은 진실을 말한 것이 공성이므로 당연히 존재를 떠나서는 공성도 성립하지 않고 공성을 떠나서는 존재도 성립하지 않는다. 이 뜻을 중론 제24품의 14번째 게송에서 다음과 같이 말씀하셨다.

무엇에 공성이 타당하면

그에 모든 것이 타당하게 되고

무엇에 공성이 타당하지 않으면

그에 모든 것이 타당하지 않게 된다.


　다음으로, 공성을 제대로 이해했다면 공성을 절대적 실재처럼 생각할 수가 없다. 공성의 의미 자체가 이 세상에 어떠한 실재도 없다는 것이다. 모든 존재가 정신 활동에 의존해서 성립하고, 공성 그 자신 역시 마찬가지다. 공성은 그것을 상대하는 정신작용에 의지해서만 존재할 뿐 독립적인 실재가 아니다. 그것이 바로 공성의 공성, 공공(空空)이다. 이 뜻을 중론 제13품의 7번째 게송에서 다음과 같이 말씀하셨다.


만약 비공(非空)이 조금 있다면

공(空) 역시 조금 있게 될 것이다.

비공이 조금 있지 않다면

공이 어찌 있는 것이 되겠는가?


　만약 비공(실재)이 있다고 보는 견해가 조금이라도 있다면 공(空) 역시 실재라고 보는 견해가 조금 있을 수 있다. 그러나 비공이 있다는 견해가 조금도 없는데 공을 어떻게 실재라고 보겠는가? 다시 말해 이미 세상의 모든 존재가 비실재라는 것을 알고 나서 어떻게 다시 공을 실재라고 볼 수 있겠느냐는 말이다.

또 한 가지 오해 중의 하나는, 공성이 수행과는 아무런 상관도 없는 말장난에 불과하다는 오해이다.

부처님께서는 오직 제자들이 수행을 해서 해탈을 성취하도록 하기 위한 철저히 실천적인 목적으로 가르침을 주셨듯이, 해탈과 성불을 향해 올바로 발심한 불교의 큰 스승님들 역시 마찬가지다. 쓸데없는 철학 놀음과는 친할 수가 없다. 용수 스님께서 주로 설하신 공성 역시 그것이 수행의 핵심이기 때문에 설하신 것이다. 이미 여러 번 설명하였지만 해탈을 위해서는 아집을 뿌리 뽑아야 하고 아집을 뿌리 뽑기 위해서는 무아를 깨달아야 하며, 무아의 가장 깊은 의미가 바로 공성이다. 즉, 공성을 깨달아야 해탈이 가능하므로 공성에 대해 설하신 것이다.

# 보살

공성을 깨달으면 해탈이 가능하지만 성불을 위해서는 공성의 깨달음만 가지고서는 부족하고 반드시 보리심을 바탕으로 쌓인 복덕자량이 있어야만 한다는 것이 대승불교의 핵심 주장 중의 하나다.

보리심이 일어나는 순간 대승도에 들어가며, 보리심을 가진 수행자를 보살이라고 부른다. 그래서 대승을 또 다른 말로 보살승이라고 한다.

보살이란, 범어(산스끄리뜨)인 보디사뜨와(Bodhisattvah)를 한자로 음역한 것이다.

보디가 깨달음(覺)이란 뜻이고, 사뜨와가 유정(有情)이란 뜻이므로, 보디사뜨와를 각유정(覺有情)으로 번역한 경우도 있다.

'보리심을 가진 유정'을 줄여서 보디사뜨와(보리유정)라고 이름붙인 사정을 모르고 언어만 가지고 해석해서 '깨달아야 보살'이라는 둥, '보살과 부처가 같다'는 둥, 여러 잘못된 주장들을 하는 사람들이 간혹 있다.

또, 유정이란 용어를 가지고 혼동하는 사람들도 있다. 유정은 문자적으로는 마음을 가지고 있다는 말인데, 마음을 가진 모든 존재를 가리키는 것이 아니고, 부처는 제외된 개념이기 때문이다. 부처에게도 마음이 있는데 이름 붙인 사람이 그렇게 이름을 붙였으니 어쩔 수 없다. 그냥 그렇게 이해하면 될 뿐…

이름은 그저 이름일 뿐이다. 이름 붙이는 방식에는 여러 방식이 있고, 반드시 내용과 이름이 똑같지 않은 경우가 많다. 예를 들어 연꽃을 티벳어로 '빼마'라고도 하고 '초꼐'라고도 한다. 초꼐는 '못에서 생겨났다'는 뜻이다. 그러니까 못에서 태어난 개구리도 연꽃이고 못이 아닌 진흙에서 생겨난 연꽃은 연꽃이 아니고 그렇게 되는 것인가?

이와 같이 내용을 제대로 배우지 않고 언어만 가지고 해석하는 사람은 여러 가지 황당한 주장을 할 수가 있으니 주의해야 한다.

또, '보살' 하면 어떤 사람들은 관세음보살, 지장보살, 문수보살, 보현보살처럼 위대한 보살님들만 뜻하는 줄로 생각하기도 한다. 그러나 상술한 바와 같이, 보리심이 일어나면 바로 그 순간부터 보살이다.


범부의 지위인 자량도와 가행도의 단계에 있는 대승의 수행자는 일반 보살이고, 성자의 지위인 견도와 수도의 단계에 있는 대승의 수행자는 대보살이라 한다. 대승의 무학도에 이르면 이제 보살이 아니고 부처다.

갑자기 낯선 단어가 막 나온다고 어렵게 생각하지 말고 그냥 편하게 들어두기 바란다.

수행의 길을 다섯 가지 단계 즉, 5도로 나누고, 각각의 단계를 그 특징별로 이름 붙여서 차례로, 자량도, 가행도, 견도, 수도, 무학도라 한다. 대소승에 모두 이 5도를 설정한다.

5도는 일단 이 정도로 소개만 해 두고, 설명은 뒤로 미루기로 한다. 들으면 다 이해가 되는 내용이니 처음부터 무조건 어렵다고 생각하지 말기 바란다.


필자가 배운 것을 설명해 달라는 사람들에게 가끔 설명해 주다 보면 사람들이 낯선 용어에 거부감을 일으키는 것을 많이 보았다. 그런데 어떤 학문이건 전문용어가 필요한 법이다. 용어는 그냥 이름처럼 생각하면 쉽다. 어떤 사람에 대해 말하려고 할 때 "아, 거 있잖여, 키 작고 머리 홀라당 벗겨진 양반 말여. 왜 전번에 어쩌구 저쩌구 했던…" 이런 식으로 항상 사람을 가리킬 수는 없지 않은가? 그래서는 너무 비효율적이고 의사소통이 잘 되지 않는다. 각각의 다른 사람에게는 각각의 다른 이름이 필요하다. "아, 있잖여, 왜 그 머리 홀라당 벗겨진…"라고 하지 말고, "김수철씨가…" 하고 이름을 사용하면 쉽고 명확해진다. 전문용어가 존재하는 건 바로 그러한 이유 때문이다. 낯선 용어가 나온다고 처음부터 무조건 어렵다

고 생각하지 말고 그 용어가 무슨 내용을 가리키는지 듣고 이해하
고 반복적으로 사용하다 보면 쉬워진다.

　다시 한 번 정리하면 다음과 같다.


　대승발심 = 보리심

　보리심이 처음 일어난 순간 = 대승도에 처음 들어간 순간

　대승도에 들어간 수행자 = 보살

　자량도, 가행도의 대승 수행자 : 일반 보살

　견도, 수도의 대승 수행자 : 대보살 = 보살성자

　대승무학도에 도달한 자 : 부처님

# 보리심을 일으키는 방법

:

보리심을 일으키는 대표적인 방법에는 인과칠결(因果七訣)과 자타상환법(自他相換法)의 두 가지가 있다.

# 1. 인과칠결

인과칠결은 일체중생을 어머니로 명상하는 일곱 단계의 방법이다. 앞의 여섯 단계가 원인이 되어 그 결과로서 제7단계에 보리심이 일어나게 된다. 그 순서와 내용은 다음과 같다.


① 일체중생을 어머니로 알기


먼저, 자신이 시작 없는 머나먼 과거로부터 무한한 시간동안 윤회해 왔음을 사유한다.

이 무한한 시간 속에서 나고 죽고 나고 죽고를 무수히 반복하면서 그때마다 어머니의 몸을 통해 태어났으므로 전생에 나의 어머니였던 중생의 수도 역시 무한하다. 이러한 무한함을 생각할 때 이 세상에 나의 어머니가 아니었던 중생은 단 한 명도 없다고 사유한다. 그리하여 일체중생이 모두 나의 어머니였던 적이 있었다는 확신을 일으킨다.


② 어머니의 은혜 기억하기

일체중생이 나의 어머니였다는 확신이 일어난 후에는 이제 어머니의 은혜를 기억하고 명상한다. 이번 생의 나의 어머니가 나를 낳으실 때 어떻게 고생을 하셨고, 나를 키우실 때 어떻게 나를 사랑하고 보살피고 애를 쓰고 고생을 하셨는지를 세세히 명료하게 떠올리고 명상한다. 내가 아플 때는 어머니가 나보다 더 아파하셨고, 나대신 어머니 본인이 아프게 해 달라고 기도하셨으며 내가 나을 때까지 쉼 없이 모든 방법을 강구하셨다. 나에게 좋은 일이 생기면 어머니가 나보다 더 기뻐하셨으며, 나에게 나쁜 일이 닥치면 어머니가 나보다 더 슬퍼하셨다. 맛있는 것 좋은 것은 항상 나에게 먼저 주셨고, 본인은 안 좋은 것을 취하셨다. 어머니 자신보다 나를 더 귀중하게 여기고 언제나 내가 잘 되기만을 바라며 온갖 애를 쓰시고 갖가지 고통을 감내하셨다.

이와 같이 이번 생의 어머니의 은혜를 명상하였으면 이제 가장 사랑하는 이들부터 시작해서 전생에 나에게 어머니가 되어 이러한 은혜를 베풀었음을 명상한다. 그 다음엔 좋아하지도 싫어하지도 않는 제3자를 대상으로 그들이 나의 어머니가 되어 베풀었던 은혜를 명상하고, 그 다음에 싫어하는 자들을 대상으로 그들이 나의 어머니가 되어 베풀었던 은혜를 명상한다.

순서를 이와 같이 하는 이유는, 친한 대상일수록 이 명상을 하기가 쉽고 싫어하는 대상일수록 어렵기 때문이다. 이와 같이 해서 점차 일체중생으로 범위를 확장한다. 그리하여 모든 중생이 언젠가 나의 어머니가 되어서 나를 지극히 사랑하여 나를 위해 온갖 고난을 감수하면서 막중한 은혜를 베풀었음을 명상한다.


③ 보은의 마음

상술한 바와 같이 일체중생을 대상으로 어머니의 은혜를 명상하였으면 이제 내가 그 막중한 은혜를 반드시 보답해야 마땅한 도리라고 사유한다.

또한 은혜 막중한 어머니들(일체중생)이 무한히 윤회하며 온갖 괴로움에 시달리고 그로부터 벗어날 방법도 알지 못하는데 그들을 버려두고서 나 혼자 해탈하려는 것은 부끄러운 일이라고 사유한다.

그리하여 나의 어머니들을 힘닿는 대로 도와서 세간적으로도 항상 이롭게 할뿐만 아니라 궁극적인 안락인 해탈로 반드시 이끌겠다는 마음을 일으킨다.

④ 대자애

자애란 누군가가 행복해지기를 바라는 마음이다.

보은의 마음을 일으킨 이후엔 이제 대자애의 마음을 일으킨다.

순서는 제일 먼저 이번 생의 나의 어머니로부터 시작한다. 그 다음에 가장 사랑하는 사람들을 대상으로 하고, 이후 제3자, 싫어하는 사람들의 순서로 대자애를 일으킨다. 이와 같이 점차 범위를 넓혀 일체중생까지 확장한다. 그렇지 않고 처음부터 불특정 다수를 대상으로 하면 아무리 오래 명상을 하여도 진실한 마음은 일어나지 않는다. 개별적인 한명 한명에게 구체적이고 명료하게 명상을 하여 진실한 마음이 일어나 점차 쌓이면 결국 일체중생 전체를 대상으로도 진실한 마음을 일으킬 수 있게 된다.

대자애가 일어난 기준은, 어머니가 지극한 사랑으로 자식의 행복을 바라는 것과 같이 어떤 중생을 보더라도 그가 행복해지기를 바라는 지극한 마음이 저절로 일어나고, 또 시시때때로 일체중생을 향해서 그러한 마음이 저절로 일어나면 대자애가 마음에 발생한 것이다.


⑤ 대연민(대비심)

연민이란 누군가가 괴로움을 당하는 것을 참지 못하고 그 대상이 괴로움으로부터 벗어나기를 바라는 마음이다.

　방법은 제일 먼저 이번 생의 나의 어머니를 대상으로 윤회의 괴로움을 명상한다. 나의 어머니가 무시이래로 윤회하며 지옥, 축생 등의 온갖 극심한 고통을 당하고 생사를 무한히 반복하며 생로병사와 3고, 8고 등의 온갖 괴로움에 시달리면서도 또한 그로부터 벗어날 어떠한 방법도 알지 못하는 참담한 상태에 빠져 있음을 명상한다.

　은혜 막중한 나의 어머니, 나를 지극히 사랑하고 또 내가 지극히 사랑하는 안타까운 나의 어머니가 윤회의 괴로움에 빠져 있는 모습을 명료하게 명상할수록 참을 수 없는 연민의 마음이 일어난다. 이와 같이 하여 어머니를 이 윤회의 괴로움으로부터 반드시 건져내고 싶다는 대연민의 마음을 일으킨다.

　여기서 한 가지 간과해선 안 되는 점이 있다. 자기 자신을 대상으로 윤회의 괴로움을 사유하면 염리심이 일어나는 원인이 되고, 타인을 대상으로 윤회의 괴로움을 사유하면 대연민이 일어나는 원인이 된다. 그러나 자기 자신부터 윤회의 괴로움을 체감하지 않은 자가 아무리 타인을 대상으로 명상해봤자 진실한 대연민의 마음은 일어나지 않는다.

　대연민을 일으키는 순서는 사랑하는 사람들부터 시작해서 그 다음에 제3자, 싫어하는 사람들, 이후 점차 범위를 넓혀 일체중생을 대상으로 한다.

대연민이 일어난 기준은, 어머니가 괴로움을 당하는 자식을 볼 때처럼 어떤 중생을 대하더라도 그가 괴로움으로부터 벗어나기를 바라는 지극한 마음이 저절로 일어나고, 또 시시때때로 일체중생을 향해서 그러한 마음이 저절로 일어나면 대연민이 마음에 발생한 것이다.

⑥ 증상심(增上心)

증상심이란 이타적 대열망으로 일체중생 구제의 책무를 내 자신이 떠안는 마음이다.

나에게 은혜 막중한 어머니들을 모두 윤회의 괴로움으로부터 구해내고 궁극의 안락인 해탈과 성불로 내가 반드시 이끌어가겠다는 마음을 일으킨다.

⑦ 발보리심

먼저, 다음과 같이 사유한다.

'일체중생을 구제하려는 마음이 있더라도 내가 그것을 실행할 능력이 없다면 아무 소용이 없다. 그렇다면 그 능력은 어떻게 하면 얻을 수 있는가?'

다음으로, 번뇌장과 소지장을 끊어 해탈과 대각을 성취한 부처님의 몸과 말과 마음의 불가사의한 능력을 사유함으로써 오직 부처님만이 일체중생을 구제할 수 있다는 확신을 얻는다.

　그리하여 일체중생을 구제하기 위해 내가 반드시 성불을 해야겠다는 마음을 일으킨다.

　이러한 마음이 진실하게 시시때때로 저절로 일어나면 보리심이 마음에 발생한 것이다.

# 2. 자타상환법

　먼저, 자신과 타인이 똑같이 괴로움을 싫어하고 행복하기를 바라
며, 이러한 점에 있어서 자타와 일체중생이 아무런 차이가 없이 평
등함을 사유한다.

　자타의 평등을 사유한 이후엔 타인보다 자신을 더 애중히 여기는
마음을 이제 자신보다 타인을 더 애중히 여기는 마음으로 전환시
켜야 한다.

　자타를 애중히 여기는 마음을 전환시키기 위해서는 이기심의 해
악과 이타심의 공덕을 사유한다.

　이기심의 해악을 사유하는 방법은, 내가 무시이래로 윤회하며 언
제나 나 자신을 최고로 위해 살면서 오직 내가 잘 되기 위해, 오직
내가 행복해지기 위해 온갖 노력을 기울여 왔지만 그렇게 무한한
시간이 흘렀어도 아무런 성과도 없이 여태껏 윤회 속을 떠돌며 행

복보다는 대부분의 시간을 고난과 비참 속에서 전전하고 있을 뿐임을 사유하는 것이다.

이와 같이 사유하면 오직 나만 잘 되겠다고 사는 것은 결코 내가 잘 되는 길이 아니며, 오히려 이러한 이기심과 이기심의 뿌리인 아집이야말로 이제껏 나 자신을 해쳐온 원수라는 것을 이해할 수 있다.

이타심의 공덕을 사유하는 방법은, 부처님께서 지극한 이타심을 가지고 수행한 결과 성불이라는 궁극의 안락을 성취하셨음을 사유하고, 또 작은 것을 위할 때는 작은 능력이 생기고, 큰 것을 위할 때는 큰 능력이 생기는 원리를 사유하는 것이다. 물론 큰 능력은 일체중생을 구제하기 위해 추구하는 것이지, 자만을 충족시키기 위함이어서는 안 된다.


우리가 무엇인가를 이루기 위해 시도하기 전에는 그것을 이루기가 대단히 어려워 보이고 심지어 불가능해 보일 때도 있다. 그러나 이루어내겠다는 의지와 목표를 가지고 해나가다 보면 점차로 실력이 쌓이고 능력이 발전하여 결국 목표를 이루어낼 수 있다.

한 가지를 이루고 나면 이제 더 나아가서 그보다 더 어렵고 높은 목표를 갖게 되고, 이전의 성공 경험과 자신감을 바탕으로 노력하여 또 다시 목표를 이뤄내고, 그랬던 경험을 모두가 해 보았을 것이다.

큰일을 이루어내는 사람은 모두가 포부가 큰 사람들이다. 작은 목표를 갖고 작은 것에만 만족하는 사람은 발전 없이 언제까지나 소소함 속에만 머물러 있다. 이와 같이 작은 사람이 되느냐 큰 사람이 되느냐, 작은 능력에 머무르느냐 큰 능력을 얻느냐는 제일 먼저 어떤 마음을 내느냐에 달려 있다. 큰 마음을 낼수록 큰 능력을 얻게 되는 것이다. 물론 큰 마음을 냈다고 해서 처음부터 단번에 큰 능력을 얻는 것이 아니고 큰 마음에 의해서 점차 노력하게 되고, 갈수록 발전하게 되고, 결국 큰 능력을 갖게 되는 것이다.

이와 같이 사유하면 오직 나 자신만을 위해 사는 것보다 타인을 위해 살 때 더 큰 사람이 되고 더 큰 능력을 얻게 된다는 것을 이해할 수 있다.

이와 같이 이타심의 공덕을 사유하여 자신을 애중히 여기는 마음을 버리고 타인을 애중히 여기는 마음을 일으킨다.

이후 대자애, 대연민, 증상심을 거쳐 보리심을 일으키는 것은 인과칠결에서 설명했던 방법과 같다.

# 5도

．
．
．

"도를 아십니까?"

밖에 나가면 두 사람씩 짝을 지어 다니면서 사람들에게 이렇게 말을 걸고 다니는 이들을 자주 보셨을 것이다.

이런 저런 사람들이 저마다 '도(道)'라는 용어를 다른 의미로 사용하고 있다. 도에는 로열티가 없으니 어쩔 수 없다. 어떤 의미로 사용하든 뭐, 각자의 자유다.

사실, 언어라는 것은 대체로 암묵적 약속이고 합의다. 어떠한 단어는 어떠한 의미로 사용한다는 대체적인 합의가 있다는 얘기다. 그렇지 않다면 언어의 본연의 역할인 의사소통의 기능이 상당히 저해된다. 이를테면, 사람이 옛날부터 길들여 키우는 멍멍 짖는 동물을 개라고 부르기로 합의가 되어 있는데 어떤 사람이 자기 마음대로 양말이라고 불러선 안 된다.

"나도 양말 키우고 싶어. 어디서 사야 되냐?"

"양말을 키운다고? 하하하! 그래 잘 키워라. 시장에 가서 사든지, 인터넷 쇼핑몰에서 주문하든지…"

"뭐! 인터넷 쇼핑몰에서 산다고? 그거 양말 학대 아냐? 배송하다 양말 다치면 어떻게 하냐?"

"으하하하! 양말 학대라니 그거 재밌네. 하하하!"

"아니, 이런… 어떻게 양말 학대를 재미있다고 생각할 수가 있지? 너 정신과 상담 좀 받아야겠다."

여러 사람이 본래 어떤 의미로 사용하는 단어를 자기 마음대로 다른 의미로 사용하면 이러한 일이 발생한다.

이 사람이 양말이라는 말을 사용하는 걸 몇 번 듣다 보면 '아, 개를 두고서 양말이라고 하는구나.' 하고 알아차리게 될 수도 있다. 그러나 추상적 개념에 있어서의 단어의 오용은 간단히 정리되기가 쉽지 않다. 어쨌든 우리는 언어의 오용을 알아차려서 혼동이 일어나지 않도록 주의해야 한다.

도라는 말에는 로열티가 없어서 각자 어떤 의미로 사용하든 자유라고 필자가 방금 말했다. 그러나 불교 안에서 불교를 설명하면서 불교에서 말하는 의미와 전혀 딴판으로 제멋대로 용어를 사용하는 것에는 문제가 좀 있다. 될 수 있으면 지양해야 한다고 생각한다.

'도(道)'라는 용어는 한국불교에서 가장 많이 오용되고 있는 용어

중의 하나다. 저마다 제멋대로 망상을 피워서 제멋대로 정의 내린 채 사용하기도 하고, 중국의 도교에서 말하는 의미와 비슷하게 사용하기도 한다. 한국불교 자체가 중국에서 도교에 의해 많이 오염된 불교를 전해 받았기 때문에 불교가 아닌 도교의 사상을 분리해 내는 정화 작업을 할 필요도 있다.

불교에서 말하는 도(道)란, 어떤 목표를 향한 발심이 일어난 이후부터 그 목표까지 도달하는 마음의 단계를 의미한다. 마치, 도로가 어디부터 어디까지 연결돼 있어서 자동차가 그 도로를 따라 이동해 가서 목표 지점에 도달하듯이 우리의 마음이 어떤 상태로부터 어떤 상태까지 변화해가는 과정을 길에 비유해서 도(길)라고 이름 붙인 것이다. 무슨 신비하거나 대단한 의미가 아니라 그저 평범한 내용이다.

소승과 대승의 도에는 모두 다섯 단계로 나눈 5도가 있다. 자량도, 가행도, 견도, 수도, 무학도, 이 다섯 가지다. 차례로 간략하게 설명하도록 하겠다.

| 5도 | | | | | 10지 | |
|---|---|---|---|---|---|---|
| 5.무학도 | | | | | | |
| 4.수도 | 대품 | 대대품 | 최후무간도 | | 10.법운지 | 삼정지 |
| | | | 후득지 | | | |
| | | | 근본지 | 해탈도 | | |
| | | | | 무간도 | | |
| | | 대중품 | 후득지 | | 9.선혜지 | |
| | | | 근본지 | 해탈도 | | |
| | | | | 무간도 | | |
| | | 대소품 | 후득지 | | 8.부동지 | |
| | | | 근본지 | 해탈도 | | |
| | | | | 무간도 | | |
| | 중품 | 중대품 | 후득지 | | 7.원행지 | 칠부정지 |
| | | | 근본지 | 해탈도 | | |
| | | | | 무간도 | | |
| | | 중중품 | 후득지 | | 6.현전지 | |
| | | | 근본지 | 해탈도 | | |
| | | | | 무간도 | | |
| | | 중소품 | 후득지 | | 5.난승지 | |
| | | | 근본지 | 해탈도 | | |
| | | | | 무간도 | | |
| | 소품 | 소대품 | 후득지 | | 4.염혜지 | |
| | | | 근본지 | 해탈도 | | |
| | | | | 무간도 | | |
| | | 소중품 | 후득지 | | 3.발광지 | |
| | | | 근본지 | 해탈도 | | |
| | | | | 무간도 | | |
| | | 소소품 | 후득지 | | 2.이구지 | |
| | | | 근본지 | 해탈도 | | |
| | | | | 무간도 | | |
| 3.견도 | | 근본지 | 후득지 | | 1.환희지 | |
| | | | 해탈도 | | | |
| | | | 무간도 | | | |
| 2.가행도 | 승법위 (세제일법위) | | | | | |
| | 인위 | | | | | |
| | 정위 | | | | | |
| | 난위 | | | | | |
| 1.자량도 | 대품 | | | | | |
| | 중품 | | | | | |
| | 소품 | | | | | |

# 1. 자량도

발심이 최초로 일어나는 순간 자량도에 들어간다. 소승발심인 염리심이 최초로 일어나면 소승자량도에 들어가고, 대승발심인 보리심이 최초로 일어나면 대승자량도에 들어간다.

수행길에 처음으로 들어와서 본격적인 수행이 시작되기 위한 자량이 이제 막 쌓이기 시작하는 단계이기 때문에 자량도라 이름 붙였다.

수행을 배우기 시작한 첫 단계이므로 주로 문혜(들어서 얻은 지혜)와 사혜(사유해서 얻은 지혜)가 주를 이룬다. 물론 이것은 해탈이나 성불을 위한 주요 명상 대상인 무아를 기준으로 하는 말이고, 다른 것을 대상으로 한 수혜(명상으로 얻은 지혜)는 얼마든지 있을 수 있다.

자량도는 소, 중, 대의 3단계로 나눈다.

소품자량도에서 불교를 배우고 사유하여 추론을 통해 무아를 확실하게 지각하는 순간 중품자량도가 된다.

대승의 경우 소품자량도까지는 대승에서 퇴락하는 경우가 있지만 중품부터는 보리심이 어느 정도 강화가 되었고, 거기에 공성의 지각까지 보태져서 더 이상 대승에서 퇴락하는 일이 없다고 한다.

소승도에서는 주로 인무아를 명상하고 대승도에서는 주로 법무아를 명상한다.

중관귀류파의 견해에서 법무아와 미세한 인무아는 공성이라는 내용에는 아무 차이가 없으므로 법무아든 미세한 인무아든 일단 공성을 지각하고 나면 어떤 것을 대상으로 사유하더라도 곧바로 공성을 지각하게 된다. 이것은 공성이 일체법을 똑같이 관통하는 가장 깊은 진실 즉 승의제이기 때문에 일어나는 현상이고, 세속제의 경우는 이와 다르다. 예를 들어 한 가지를 대상으로 무상함을 지각했더라도 또 다른 것을 대상으로는 무상함을 지각하는 데 오랜 시간이 걸린다든가 하는 경우는 얼마든지 가능하다.


소승도에서는 오직 무아의 지혜가 도의 발전 기준이 되지만 대승도의 경우엔 지혜자량과 복덕자량이 모두 성불에 필요한 수행의 두 축이기 때문에 무아의 지혜뿐만 아니라 복덕자량이 얼마만큼 쌓였는지도 도의 발전 기준이 된다. 예를 들어 소승도에서 이미 법무아를 지각하고 나서 대승으로 들어온 경우엔 한 가지 기준은 이미 충족하였으므로 나머지 기준인 복덕자량이 쌓임에 따라 소품에서 중품으로 이행해간다. 이하 대승도의 모든 단계에 마찬가지로 적용해서 생각하면 된다.

중품자량도에서 무아를 대상으로 지(집중명상)를 수행하여 지가 완성되면 대품자량도로 넘어간다.

대품자량도에서는 법류삼매에 들어 부처님을 직접 뵙고 가르침을 들을 수가 있다고 한다.

대품자량도에서는 완성된 지의 바탕 위에서 무아를 대상으로 관(관찰명상)을 수행한다.

무아를 대상으로 관이 완성되는 순간 가행도로 넘어간다.

# 2. 가행도

가행도에서는 무아를 대상으로 지관쌍수를 닦는다.

자량도에서 점차 수행의 힘이 쌓이고 명상법의 기초가 온전히 갖추어졌기 때문에 이제 무아를 직관적으로 지각하는 선정을 얻기 위해서 수행에 좀 더 힘을 내는 단계이므로 이를 가행도라 한다.

가행도를 분류하면 난위, 정위, 인위, 승법위(세제일법위)의 네 단계가 있다.

소승도에서는 가행도의 네 단계 각각이 명상하는 대상에 차이가 없지만 대승도에서는 각각 대상을 달리한다. 왜냐하면 소지장을 제거하기 위한 지혜자량의 힘을 쌓기 위해서는 다양한 대상과 방법을 통해 공성을 지각할 필요가 있기 때문이다.

가행도의 네 단계를 차례로 설명하면 다음과 같다.

① 난위(煖位)

견도의 무분별지를 불에 비유하면, 불이 일어나기 위해 먼저 열이 발생해야 하는데, 그 열이 일어나는 단계라는 의미로 난위라 한다.

대승가행도의 난위에선 번뇌들의 공성을 명상함으로써 염오소취분별(染汚所取分別)의 현행을 제압한다.

염오소취분별이란 번뇌가 객체로서 실재한다고 보는 실집을 의미한다.

현행을 제압한다는 말은, 드러난 활동만을 없앨 뿐 그 잠복된 힘까지 해를 가하진 못한다는 뜻이다. 왜냐하면 지관쌍수를 성취하였더라도 여전히 명상 중에 분별식이 섞여 있어서 공성을 생생히 직관하지 못하기 때문이다. 나머지 단계들 모두 마찬가지다. 공성을 직관하는 무분별지가 생기는 건 견도가 최초이다.


② 정위(頂位)

난위 이하에서는 전도견에 의해 선근이 끊어지는 일이 가능하지만 정위부터는 선근이 무르익을 대로 무르익어서 더 이상 전도견에 의해 흔들리는 일이 없는 정점에 도달했다는 의미로 정위라 한다.

대승가행도의 정위에선 번뇌를 다스리는 청정법들의 공성을 명상함으로써 청정소취분별(清淨所取分別)의 현행을 제압한다.

청정소취분별이란 청정법이 객체로서 실재한다고 보는 실집을 의미한다.

### ③ 인위(忍位)

인위에 도달하면 업과 번뇌에 의해 악도에 떨어지는 일이 없음이 확정되고, 무생법(공성)에 대한 두려움이 없는 무생법인을 성취하므로 인위라 한다.

대승가행도의 인위에선 실유를 취한 마음의 공성을 명상함으로써 집실능취분별(執實能取分別)의 현행을 제압한다.

집실능취분별이란 실유를 취한 마음이 주체로서 실재한다고 보는 실집을 의미한다.

### ④ 승법위(勝法位)

승법위는 다른 말로 세제일법위(世第一法位)라고도 번역한다.

다음 단계인 견도부터는 성도(聖道)이기 때문에 이 단계가 범부의 법 중에서는 최고라는 의미로 승법위라 한다.

대승가행도의 승법위에서는 가유를 취한 마음의 공성을 명상함으로써 집가능취분별(執假能取分別)의 현행을 제압한다.

집가능취분별이란 가유를 취한 마음이 주체로서 실재한다고 보는 실집을 의미한다.


난위부터 승법위까지의 명상의 순서가 이와 같은 이유는 제압하기 쉬운 것부터 먼저 제압하고 그 다음에 어려운 것을 제압하기 때문이다. 구체적으로 말하면 다음과 같다.

능취분별(주체를 대상으로 한 실집)보다 소취분별(객체를 대상으로 한 실집)을 제압하기가 더 쉬우므로 소취분별을 먼저 제압하고 그 다음에 능취분별을 제압한다.

소취분별 두 가지 중에서는 청정법을 대상으로 한 실집보다 번뇌를 대상으로 한 실집을 제압하기 더 쉬우므로 먼저 염오소취분별을 제압하고 그 다음에 청정소취분별을 제압한다.

능취분별 두 가지 중에서는 가유를 취한 마음을 대상으로 한 실집보다 실유를 취한 마음을 대상으로 한 실집을 제압하기 더 쉬우므로 먼저 집실능취분별을 제압하고 그 다음에 집가능취분별을 제압한다.

가유란, 분별식에 의해 가립되었을 뿐인 존재를 의미한다.

실유란, 분별식에 의해 가립된 존재에 불과하지 않고 가립의 그 실체를 찾으면 얻어지는 것을 의미한다.

중관귀류파는 실유를 인정하지 않고 일체법을 모두 가유로 본다.

소승가행도는 난위, 정위, 인위, 승법위의 네 단계보다 더 세분하지 않지만 대승가행도는 각각을 다시 소, 중, 대로 나누어 소품난위, 중품난위, 대품난위, 소품정위, 중품정위, 대품정위, 이런 식으로 이어져 대품승법위까지 모두 12단계가 된다.

　현증장엄론에 보면 각 단계마다 명상의 대상을 구체적으로 설하였지만, 반드시 그와 똑같이 해야 한다기보다는 하나의 예시를 보여준 것이고, 대승도에서는 그렇게 다양한 대상을 가지고서 공성을 명상한다는 정도로 이해하면 될 것 같다.

# 3. 견도

가행도에서 지관쌍수를 닦아 무아를 직관에 의해 지각하는 무분별지가 일어나면 견도가 된다. 처음으로 눈으로 보듯이 생생하게 진리를 직관하였으므로 견도라 이름 붙였다.

견도는 무간도, 해탈도, 후득지의 순서로 이어진다. 5도10지표를 참고하기 바란다.

무간도와 해탈도는 하나의 연결된 선정이다. 이것을 근본정이라 하고, 근본정의 지혜를 근본지라 한다.

근본정에서 벗어난 일반적 의식 상태에서도 근본지의 영향이 미치고 있는 지혜를 후득지라 한다.

견도의 무간도는 무아의 직관에 의해 변계번뇌들이 점차 파괴돼 가고 있는 상태다. 변계번뇌들 중에서도 가장 핵심적인 제거 대상은 바로 변계실집이다.

무간도에 의해 변계번뇌들이 완전히 제거되면 그 순간 해탈도가 된다. 해탈도는 변계번뇌가 제거된 채로 여전히 무아를 직관하고 있는 근본정의 상태다.

변계번뇌란 철학이나 종교의 이론과 같은 사량분별에 의해 생겨난 번뇌를 의미한다. 변계번뇌는 거칠고 구생번뇌는 미세하다.

구생번뇌란 분별과 상관없이 무시이래로 자연적으로 갖고 있는 번뇌이며, 이는 견도가 아닌 수도의 단계에서부터 비로소 파괴되기 시작한다.

무아의 직관에 의해 갖가지의 모든 번뇌들이 파괴되는 이유는 아집이 모든 번뇌의 뿌리이기 때문이다. 뿌리를 제거하면 뿌리에서 나온 줄기와 가지도 전부 죽어버리는 것과 같다.

변계번뇌는 견도에 의해 제거되므로 견소단 혹은 견혹이라 한다. 구체적으로 어떤 것들이 있는가 하면, 세친(와수반두) 스님께서는 구사론에서 88가지를 말씀하셨고, 무착(아상가) 스님께서는 대승아비달마집론에서 112가지를 말씀하셨다.

대승아비달마집론에서 설한 112가지는 다음과 같다.


* 견소단 변계번뇌 112 = 욕계에 포함되는 변계번뇌 40 + 색계에 포함되는 변계번뇌 36 + 무색계에 포함되는 변계번뇌 36


* 욕계에 포함되는 변계번뇌 40 = 고제와 관련된 변계번뇌 10 + 집제와 관련된 변계번뇌 10 + 멸제와 관련된 변계번뇌 10 + 도제와

관련된 변계번뇌 10

* 변계번뇌 10 : 탐(貪), 진(瞋), 만(慢), 염오무명(染汚無明), 염오의
(染汚疑), 신견(身見), 전도견(顚倒見), 변견(邊見), 견취견(見取見), 계
금취견(戒禁取見).

색계와 무색계에는 진(성냄)이 없으므로 고집멸도 네 가지에 9를
곱해 36가지씩이 된다.

* 색계에 포함되는 변계번뇌 36 = 4 × 9

* 무색계에 포함되는 변계번뇌 36 = 4 × 9

신견, 염오의, 계금취견, 이 세 가지는 특별히 견단삼결이라 부른
다. 왜냐하면 해탈의 길을 가는데 있어서 주요한 세 가지 장애이기
때문이다. 장애가 되는 이유는 다음과 같다.

* 신견 : 오온을 대상으로 나 또는 나의 것이라고 보는 번뇌. 이것
은 아집이 소멸되는 해탈에 두려움을 갖게 만들어서 해탈의 길을
가고 싶지 않게 한다.

* 염오의 : 인과, 사성제 등의 진실에 대해 의심하는 번뇌. 이것은

해탈의 길이 맞는지 의심하여 길을 가는 걸 주저하게 한다.

 * 계금취견 : 잘못된 계율이나 고행 등을 해탈의 길로 집착하는 번뇌. 이것은 해탈의 길이 아닌 잘못된 길로 인도한다.

 변계실집은 염오무명에 포함되며, 다음과 같이 108가지가 있다.

 * 변계실집 108 = 욕계에 포함되는 변계실집 36 + 색계에 포함되는 변계실집 36 + 무색계에 포함되는 변계실집 36 (36×3=108)

 * 변계실집 36 = 변계퇴환소취분별 9 + 변계전취소취분별 9 + 변계집실능취분별 9 + 변계집가능취분별 9 (4×9=36)

 퇴환소취분별이란 보살도가 멀리해야 할 법을 대상으로 그것이 객체로서 실재라고 취한 실집을 가리킨다.
 전취소취분별이란 보살도가 나아가야 할 법을 대상으로 그것이 객체로서 실재라고 취한 실집을 가리킨다.
 변계실집 36의 구체적인 내용은 '현증장엄론역주'의 '견도정가행' 부분을 참고하시기 바란다. 그러나 이 역시 하나의 예시를 나타낸 것으로 생각하면 될 것 같다.
 무간도와 해탈도의 근본정으로 지혜자량을 쌓은 이후 후득위에 선 복덕자량을 쌓는다.

복덕자량을 쌓는 방법은 보리심을 바탕으로 보시, 지계, 인욕 등을 통해 중생을 이롭게 하는 행위에 정진하는 것이다. 이러한 복덕자량의 수행 시에도 공성의 지혜를 여의지 않는 것이 중요하다.

필요한 만큼의 복덕자량을 쌓은 이후 다시 무아를 직관하는 선정에 들면 수도로 넘어간다.

# 4. 수도

번뇌를 파괴하는 실질적인 무기인 '무아를 직관하는 무분별지'를 견도에서 성취한 후 이것을 반복적, 지속적으로 수행하고 또 수행하므로 수도라 한다.

5도10지표에 보시다시피 수도는 무간도, 해탈도, 후득지의 한 세트가 아홉 번 반복된다.

그러나 필자 생각에는 반드시 이와 똑같을 필요는 없고 단지 대체적인 가이드라인 정도로 보면 될 것 같다.

수도의 첫 무간도부터는 드디어 구생번뇌의 파괴가 시작된다.

수소단 구생번뇌는 다음과 같이 16가지이다.


* 수소단 구생번뇌 16 = 욕계에 포함되는 구생번뇌 6 + 색계에 포함되는 구생번뇌 5 + 무색계에 포함되는 구생번뇌 5

* 욕계에 포함되는 구생번뇌 6 : 탐(貪), 진(瞋), 만(慢), 염오무명 (染汚無明), 신견(身見), 변견(邊見).

　* 색계와 무색계엔 진(성냄)이 없으므로 5개씩이 된다.

수소단인 구생실집에도 다음과 같이 108가지가 있다.

　* 구생실집 108 = 욕계에 포함되는 구생실집 36 + 색계에 포함되는 구생실집 36 + 무색계에 포함되는 구생실집 36 (36×3=108)

　* 구생실집 36 = 구생퇴환소취분별 9 + 구생전취소취분별 9 + 구생집실능취분별 9 + 구생집가능취분별 9 (4×9=36)

　소승도에서는 수도의 최후무간도에 의해 번뇌장을 완전히 제거함과 동시에 무학도가 되며 해탈을 성취한다.
　최후무간도는 다른 말로 금강삼매라고 한다. 가장 미세한 장애를 완전히 제거하는 가장 강력한 삼매라는 의미다.
　대승도에서는 보살 7지의 무간도에 의해 번뇌장이 끊어지는 순간 보살 8지에서 먼저 해탈을 성취하고, 이후, 보살 8지의 무간도에서부터 비로소 소지장의 파괴가 시작되어 보살 10지의 최후무간도에 의해 마지막 남은 가장 미세한 소지장이 완전히 제거됨과 동시에 무학도에서 부처가 된다.

유식파와 중관자립파는 상술한 중관귀류파의 견해와 달리 최후 무간도에 의해 번뇌장과 소지장이 동시에 끊어지며 부처를 이룬다고 주장한다.

이와 같이 견해가 다른 이유는 오직 귀류파만 소승이 깨달아야 할 미세한 인무아의 내용을 공성으로 해석했기 때문이다. 미세한 인무아가 공성이므로 미세한 인아집은 실집이고, 그러므로 실집은 번뇌장이고, 소지장은 실집이 아니라 실집의 습기로 보아야 하는 것이고, 그러므로 소지장(실집의 습기)이 제거되기 전에 번뇌장(실집)이 먼저 제거돼야 하는 것이다.

번뇌와 소지의 2장이 제거되는 방식은 빨래에 비유를 한다. 마치, 더러운 옷에 비누를 칠해서 문지르면 시간이 지날수록 점차 때가 빠지는데, 새로 묻은 때와 거친 때가 먼저 빠지고 미세한 때와 오래된 때는 나중에 빠지는 것과 같다.

보살 8지부터는 해탈을 성취한 아라한이지만 소승아라한처럼 열반에 오랫동안 잠겨 있지 않는다. 왜냐하면 오랜 겁 동안 보리심을 바탕으로 복덕자량을 쌓는 수행을 해왔기 때문에 그렇게 쌓인 수행의 힘에 의해 자동적으로 필요한 순간에 중생을 위한 행위를 하기 때문이다.

# 5. 무학도

소승도에서는 수도의 최후무간도에 의해 번뇌장이 제거됨과 동시에 무학도를 성취하며 아라한이 된다.

무학도란 자신의 도에서 추구했던 궁극의 목표를 성취하여 그 목표를 위해서는 더 이상 배울 것이 없기 때문에 붙인 이름이다.

아라한이란 문자적으로는 응공, 살적의 의미를 갖고 있다. 응공이란 마땅히 공양 받아야 하는 존경스러운 성자라는 의미이고, 살적이란 번뇌를 모두 죽였다는 의미이다.

번뇌가 완전히 제거된 것을 다른 말로 열반이라 한다. 열반과 해탈은 같은 의미다. 다만 번뇌가 제거된 측면을 나타내고자 할 때 주로 열반이란 말을 사용하고, 윤회나 고에서 벗어난 측면을 나타내고자 할 때 주로 해탈이라는 말을 사용한다.

해탈을 성취하면 그와 동시에 진무생지가 일어난다고 한다. 소승아라한의 진무생지는 번뇌가 다해서 다시는 일어날 일이 없음을 아는 지혜이다.

대승도에서는 수도의 최후무간도에 의해 소지장이 제거됨과 동시에 무학도를 성취하며 부처가 된다.

마찬가지로 그와 동시에 진무생지가 일어난다. 부처의 진무생지는 소지장이 다해서 다시는 일어날 일이 없음을 아는 지혜이다.

간혹 부처는 아라한이 아니라고 잘못 알고 있는 사람들도 있는데 번뇌를 제거해서 해탈을 성취한 자는 모두 아라한이다. 그러므로 부처 역시 아라한이고, 8지, 9지, 10지 보살들 역시 모두 아라한이다. 다만 소승아라한이 아니고 대승아라한이다.

소승아라한과 부처님은 번뇌를 끊었다는 점에서는 차이가 없지만 지혜와 복덕에 크나큰 차이가 있다.

대품반야경 삼혜품에 다음과 같이 말씀하셨다.

> 번뇌를 끊음에 차별이 없지만 모든 부처님은 번뇌의 습기를 전부 다 끊었고, 성문이나 벽지불은 번뇌의 습기를 모두 끊지 못한 것이다. (중략) 습기는 번뇌가 아니다. 성문이나 벽지불의 몸과 말에는 음욕, 성냄, 어리석음의 모양과 닮은 것이 있고, 어리석은 범부들은 이것 때문에 죄를 짓는다. 그러나 이 삼독의 습기가 부처님에게는 있을 수 없다.

부처님은 오랜 겁 동안 지혜와 복덕의 두 가지 자량을 쌓고 소지장마저도 모두 끊어 없앴기 때문에 소승아라한에게는 없는 10력, 4

무외, 4무애지, 18불공법이 있다고 한다.

　정리하면 다음과 같다.


　\* 십력(十力)


　① 도리와 도리 아닌 것을 아는 힘 : 선업에서 좋은 결과가 생기고 악업에서 나쁜 결과가 생기는 것이 도리에 맞고, 악업에서 좋은 결과, 선업에서 나쁜 결과가 생기는 것은 도리에 맞지 않는다는 등을 아는 지혜

　② 업의 이숙과를 아는 힘 : 미세한 업의 결과들까지 모두 직관적으로 지각하는 지혜

　③ 갖가지 성향을 아는 힘 : 유정들이 무엇을 원하고 어느 길에 맞는지 등을 아는 지혜

　④ 갖가지 계(界)를 아는 힘 : 안계(眼界) 등의 18계와 지계(地界) 등의 6계 따위의 세간의 모든 계를 아는 지혜

　⑤ 근기의 우열을 아는 힘 : 일체중생의 뛰어나고 못한 근기들을 아는 지혜

　⑥ 모든 곳으로 가는 길을 아는 힘 : 악도로 가는 길, 선도로 가는 길, 윤회로 가는 길, 해탈로 가는 길, 삼승 각각의 보리로 가는 길 등의 모든 길을 아는 지혜

　⑦ 갖가지 선과 정을 아는 힘 : 4선정, 4무색정, 8해탈, 9정(定) 등

의 온갖 사마디를 아는 지혜

⑧ 전세의 기억을 아는 힘 : 자타의 전생을 모두 아는 지혜

⑨ 죽음과 탄생을 아는 힘 : 유정들이 어디에서 어떻게 죽어서 어디에서 어떻게 태어나는지를 아는 지혜

⑩ 유루의 다함을 아는 힘 : 번뇌를 끊은 소승의 열반과 2장을 끊은 부처의 열반을 아는 지혜

* 사무외(四無畏)

① 정등각무외 : 정등각을 이루었노라고 선언함에 어느 누구도 여법한 반론을 할 수 없음을 지각하여 두려움이 없는 지혜.

② 누영진무외 : 모든 번뇌를 완전하게 끊었노라고 선언함에 어느 누구도 여법한 반론을 할 수 없음을 지각하여 두려움이 없는 지혜.

③ 설장법무외 : 번뇌장이 해탈에 장애가 되고 소지장이 일체종지에 장애가 된다고 설법함에 어느 누구도 여법한 반론을 할 수 없음을 지각하여 두려움이 없는 지혜.

④ 설출리도무외 : 해탈의 길과 성불의 길을 설법함에 어느 누구도 여법한 반론을 할 수 없음을 지각하여 두려움이 없는 지혜.

* 사무애지(四無礙智)


① 법(法)무애지 : 12분교 등의 법에 막힘이 없는 지혜

② 의(義)무애지 : 12분교 등의 법의 뜻에 막힘이 없는 지혜

③ 사(詞)무애지 : 육도중생의 모든 언어에 막힘이 없는 지혜

④ 변(辯)무애지 : 설법에 막힘이 없는 지혜



* 십팔불공법(十八不共法)


- 행위의 불공법 여섯 가지

① 신무실(身無失) : 몸의 허물이 없는 신업청정의 지혜

② 구무실(口無失) : 말의 허물이 없는 어업청정의 지혜

③ 의무실(意無失) : 마음의 허물이 없는 의업청정의 지혜

④ 무부정심(無不定心) : 가고, 머물고, 앉고, 눕는 등의 언제 어디
서나 사마디에 머무는 지혜

⑤ 무이상(無異想) : 윤회와 열반을 승의에서 별개로 보지 않는
지혜

⑥ 무부지이사(無不知已捨) : 유정들을 위한 행위의 시기가 적절
한지 여부를 관찰하여 효과가 없을 유정들은 일시적으로 놔두고
효과가 있을 유정들은 교화할 줄 아는 지혜

- 증득의 불공법 여섯 가지

⑦ 욕무퇴(欲無退) : 중생 구제의 욕구에 쇠퇴가 없는 지혜

⑧ 정진무퇴(精進無退) : 일체중생을 위한 정진에 쇠퇴가 없는 지혜

⑨ 염무퇴(念無退) : 삼세의 일체중생의 마음의 작용과 그에 대한 각각의 교화 방법을 지각하여 잊어버리지 않는 지혜

⑩ 정무퇴(定無退) : 일체법의 궁극적 실상을 지각하는 사마디에 쇠퇴가 없는 지혜

⑪ 혜무퇴(慧無退) : 중생의 마음의 작용과 팔만사천법문을 앎에 쇠퇴가 없는 지혜

⑫ 해탈지견무퇴(解脫知見無退) : 2장을 모두 제거한 무주열반을 성취하여 윤회가 다할 때까지 일체중생의 구제를 위한 행위에 쇠퇴가 없는 지혜


- 행업의 불공법 세 가지

⑬ 모든 행위가 지혜에 따라 일어나는 지혜

⑭ 모든 말씀이 지혜에 따라 일어나는 지혜

⑮ 모든 마음이 지혜에 따라 일어나는 지혜


- 지혜의 대상의 불공법 세 가지

⑯ 과거세에 걸림 없는 지혜 : 과거의 일체법을 지각함에 걸림이 없는 지혜

⑰ 미래세에 걸림 없는 지혜 : 미래의 일체법을 지각함에 걸림이

없는 지혜

　⑱ 현재세에 걸림 없는 지혜 : 현재의 일체법을 지각함에 걸림이

없는 지혜

# 부처의 네 가지 몸

부처가 되면 그와 동시에 부처의 4신(네 가지 몸)도 이루어진다. 부처의 4신이란 자성법신, 지혜법신, 보신, 화신을 말한다. 법보화 3신으로 말하기도 하고, 보신과 화신이 모두 색신이므로 법색 2신으로 말하기도 한다.

정리하면 다음과 같다.


* 부처의 2신 : 법신, 색신
* 부처의 3신 : 법신, 보신, 화신
* 부처의 4신 : 자성법신, 지혜법신, 보신, 화신


㉠ 본연청정자성신 : 지혜법신의 공성
㉡ 이구청정자성신 : 2장을 제거한 부처의 열반

② 지혜법신 : 일체종지

③ 보신 : 다섯 가지 고정된 법을 갖춘 부처의 색신

④ 화신 : 다섯 가지 고정된 법을 갖추지 않은 부처의 색신


자성법신에는 본래부터 청정한 몸인 본연청정자성신과 더러움을 없애서 청정해진 몸인 이구청정자성신의 두 가지가 있다.

본래부터 청정하다는 것은 공성을 가리킨다. 왜냐하면 공성이란 실재를 부정하는 의미인데, '실재'라는 이 더러운 것은 본래부터 한 번도 존재한 적이 없기 때문이다. 그래서 본래부터 깨끗한 이 공성을 본연청정자성신이라 한다. 그런데 부처의 몸이니까 부처에 대입해서 '지혜법신의 공성'이라 하였다.

이와 같이 말한다면 우리 모두에게도 본연청정자성신이 하나씩 있다. '김 아무개의 공성'은 김 아무개의 청정한 몸이요, '박 아무개의 공성'은 박 아무개의 청정한 몸이다.

그런데 사실은 이 공성 저 공성이 따로 따로 별개로 있는 것이 아니다. 공성이 무슨 물건처럼 여기 저기 널려 있는 것이 아니고 모든 존재를 관통하는 궁극의 진리일 뿐이다. 다만 중생이 비실재인 것을 생각할 때 중생의 공성이라 이름 붙이고 부처가 비실재인 것을 생각할 때 부처의 공성이라 이름 붙인다.

이와 같이 '중생의 마음의 공성'과 '부처의 마음의 공성'이 별개가 아니므로 '중생의 마음의 공성'을 자성주불성(自性住佛性)이라 한

다. 본래부터 있는 부처의 성품이라는 뜻이다.

　이렇게 불성이 누구에게나 본래부터 갖추어져 있다고 하니까 많은 사람들이 이 말을 가지고 온갖 상상의 나래를 펼치곤 한다. 왜냐하면 불성 이야기는 인간의 강력한 욕구 두 가지를 자극하는 면이 있기 때문이다. 그것이 무엇인가 하면, 첫째로 대부분의 사람들은 자기 자신의 존재가 허망하지 않기를 바란다. 자기 안에 뭔가 허망하지 않은 진짜 자아의 실체 같은 것이 있기를 갈구한다. 그런데 이렇게 자기 안에 뭐가 있다고 하니까 눈이 번쩍 띄어서는 좋다구나 하고 덥석 달려들어서 자신의 갈구를 충족시켜줄 내용으로 자꾸 해석하고자 하는 것이다. 본래의 내용은 그런 것과는 아무런 상관이 없는데도 불구하고서 말이다.

　두 번째로, 대부분의 사람들은 생존이나 성공을 위해서 어쩔 수 없이 많이 노력하고 있기는 하지만 이 노력이라는 것을 대단히 싫어한다. 그런데 자기 안에 이미 불성이 있다니까 그 말을 노력하기 싫은 자신의 욕구에 부합하게 '본래 부처니까 아무 노력도 할 필요 없다.'거나, '성불은 전혀 어렵지 않아. 본래 부처니까 그걸 그냥 알아차리기만 하면 바로 끝나는 거야.'라는 식으로 받아들이고 싶어 한다. 그리고 누가 나서서 적극적으로 그런 이론을 펼쳐 주면 아주 반갑고 듣기에 달콤하다. 그러나 이러한 이야기는 그저 듣기에만 달콤할 뿐 아무 좋은 일도 일어나지 않게 할 뿐만 아니라 자타를 망치게 한다.

　불성과 비슷한 불교용어로 또 '여래장'이라는 말이 있다. 이 여래

장의 의미에 대해서는 쫑카빠 스님께서 선설장론에 다음과 같이
말씀하셨다.

이에 대한 답변으로 "부처님들은 어리석은 이의 무아에 대한 두려움
을 없애고, 자아론에 집착하는 외도들을 인도하기 위해 공성, 무상(無
相), 무원(無願) 등의 의미, 착란 없는 심식의 대상인 법무아를 여래장
이라 하였으므로 외도의 자아론과는 다르니, 이에 대해 현재와 미래의
보살들은 자아로 집착해선 안 된다. 자아론에 떨어진 이들이 세 가지
해탈문의 지각대상에 머무는 사유를 갖추어 신속하게 성불하게 되기
를 바라서 이를 위해 여래장을 설했으니 외도의 견해를 여의기 위해
여래장, 무아를 따라 들어가도록 하라."라고 설하셨으니, 번다함을 피
해 간략하게 인용하였다.

이것은 법무아의 공성에 착안해서, 무아에 대한 두려움을 없애고, 자
아론에 집착하는 이들을 서서히 무아로 인도하기 위한 목적으로 설하
셨다는 이유로 여래장과 자아론 두 가지가 다르다고 논증하신 것이며,
그렇게 본다면 자아론자들이 주장하는 바는 그들이 생각하고 있는 그
대로인 반면, 부처님께서 무엇을 염두에 두고 여래장을 설하셨다는 의
중과, 문자 그대로의 의미 두 가지는 크게 다르며, 자아론자들이 자아
가 상주한다는 등을 주장하는 것은 문자 그대로의 의미를 언제까지나
견고하게 확신하도록 하기 위함인 반면, 부처님께서 설하신 것은 일시
적으로 문자적 의미를 설하신 후 나중에 무엇을 염두에 두고서 설하
셨는지 그 의미로 이끌어가기 위해서이므로 이 두 가지가 같지 않다

이것은 여래장을 설한 경전에 대해 중관파가 어떻게 생각하는지를 설명한 부분이다. 다시 간단히 정리하면 다음과 같다.

* 여래장은 자아에 집착하는 이들을 위해 설한 것이다.
* 여래장의 말씀을 문자 그대로 받아들이면 외도의 아뜨만 사상과 똑같다.
* 그러나 여래장을 설한 의도는 점차 무아의 의미로 이끌어가기 위한 것이다.

이상으로 부처의 4신 중에서 자성법신 중의 하나인 본연청정자성신에 대한 설명을 마쳤다.

이제 자성법신 중의 또 한 가지인 이구청정자성신의 의미를 설명할 차례다.

본연청정자성신이 본래부터 깨끗한 몸인 반면 이구청정자성신은 전에 있었던 더러움이 떨어져 나가서 비로소 깨끗해진 몸이다. 전에 있었던 더러움이란 번뇌장과 소지장을 가리킨다. 즉, 번뇌와 소지의 2장을 제거한 부처의 열반을 이구청정자성신이라 한다.

여기서도 오해하지 말아야 할 것은 이 '몸'이라는 것은 그냥 표현일 뿐이지 무슨 물건처럼 떡하니 공간 차지하고 있는 것이 아니다.

소승열반이란 번뇌가 제거된 것이고, 대승열반이란 번뇌장과 소지장이 제거된 것이다. 열반을 무슨 절대적 실재와 같은 존재로 상상해서는 안 된다. 이미 수없이 설명하였지만 이 세상에 절대적 실재란 존재하지 않는다.

첫 번째 법신인 두 가지 자성법신에 대해서는 이상으로 설명을 마쳤고, 이제 두 번째 법신인 지혜법신의 차례다.

지혜법신은 일체종지(一切種智)를 가리킨다. 소승경전 중에도 부처님의 일체지에 대한 말씀이 있고, 그 의미에 대해선 다른 견해들이 있다.

대승의 교리에서는 '일체법을 직관적으로 지각하는 구경의 지혜'를 의미한다고 말한다.

일체법을 직관적으로 지각한다는 말의 의미에 대해서도 다르게 해석할 수가 있는데, 필자가 티벳불교에서 배운 바에 따르면 '매 순간 순간 이 세상에 존재하는 모든 것들을 직관적으로 지각한다.'는 의미로 본다.

이에 대해 필자는 논쟁 시간에 상대 티벳스님들에게 이렇게 질문을 던지곤 하였다.

'부처님이 맨날 네가 똥 싸는 것도 보고 매 순간 순간 이 세상의 모든 똥 냄새를 다 맡고 계시냐?'

부처님이 직관하는 것과 우리가 직관하는 것은 그 느낌이 많이 다르다고는 하는데, 아무리 그렇다고 해도 부처님이 매 순간마다 존재하는 모든 것들을 직관한다는 이야기는 필자로선 도무지 받아들이기 어렵다.

법신에 대해서는 이상으로 설명을 마친다.


다음으로, 보신이란 '다섯 가지 고정된 법을 갖춘 색신'을 가리킨다고 하였다.

다섯 가지 고정된 법이란 다음과 같다.


① 장소 고정 : 밀엄색구경천에만 계심
② 권속 고정 : 주변에 오직 보살성자들만 계심
③ 설법 고정 : 오직 대승법만을 설하심
④ 몸 고정 : 32상 80수호로 장엄됨
⑤ 시간 고정 : 윤회계가 다할 때까지 머무심


보신이 살고 계신다는 밀엄색구경천이란 색구경천(색계 제17천)의 위에 있는 색계 제18천이다. 이곳은 윤회계에 속하는 곳이 아니므로 3계 6도표에 넣지 않는다.

보살은 자신이 성불하면 어떤 세상을 만들겠다는 서원을 발하고 오랜 겁 동안 수행을 한 결과 성불이 가까워짐에 따라 점차 그 세계가 형성돼 가다가 성불과 동시에 완성이 된다고 한다. 그것을 불국토 또는 정토라고 한다.

오랜 겁 동안 쌓은 복덕자량의 결과로 32상 80수호(주요한 32가지의 신체적 특징과 부수적인 80가지의 신체적 특징)를 갖춘 보신도 성불과 동시에 자신의 불국토에 생겨난다고 한다. 이후 자신의 불국토에 보살성자들이 태어나면 그들에게 대승법만을 가르치면서 윤회계에 중생이 텅텅 빌 때까지 사라지지 않고 중생을 위해 머문다는 이야기다.

마지막으로 화신은 보신을 본체로 해서 세상의 곳곳에 온갖 모습으로 중생을 위해 화현한 몸을 가리킨다. 사람으로 나타날 수도 있고 동물로 나타날 수도 있고 심지어는 나무, 바위 같은 것으로 나타날 수도 있다. 지구상에 태어난 석가모니 부처님도 화신의 한 예라고 한다.

이러한 보신과 화신의 교리는 받아들이기 어려운 분들이 많을 것이다. 필자 역시 개인의 존재가 무여열반 이후에도 끊어지지 않고 영원히 지속된다는 대승불교의 주장은 받아들일 수 없다. 수많은 인연들이 모여서 이루어진 존재는 언젠가 반드시 해체되어 소멸될 수밖에 없다는 것이 필자의 확고한 견해다.

대승불교는 개인의 의식의 흐름에 시작과 끝이 있을 수 없다는 점을 법칭(다르마끼르띠) 스님이 석량론에서 충분히 논증하였다고 생각한다. 관심 있는 분들은 그 부분을 연구해 보는 것도 괜찮을 것 같다.

이상으로 대승불교 교리에 대한 대략적인 설명을 마친다.

수심팔송

삼종요도

보살수행 37송

보리도등론

보살계율보만

# 수심팔송
## (마음닦기 팔연시)

랑리탕빠[1] 지음

1. 제가 모든 유정들을 대할 때
   여의주보다도 더욱 소중한
   최상의 뜻 이뤄주는 대상과 같이
   항상 소중하게 여기도록 하소서.


2. 언제 어디에서 누굴 만나더라도
   저 자신을 가장 하찮게 보고
   타인들을 마음 깊은 곳에서부터
   존귀하게 여기도록 하소서.

---

1) 랑리탕빠 : 1054~1123. 티벳 까담파의 게쎄(불교박사) 고승.

3. 모든 행위에서 자기 마음 살펴서
   나와 남을 모두 해롭게 하는
   번뇌들이 일어나는 그 즉시
   강력하게 다스리게 하소서.

4. 나쁜 성품 가진 유정들
   죄악 행하는 것 볼 때에
   보고(寶庫) 발견한 것처럼 소중한
   기회처럼 여기도록 하소서.

5. 저를 시기하는 이들이
   부당하게 비방하고 업신여길 때
   손해, 패배 모두 제가 받아들이고
   승리 그들에게 바치도록 하소서.

6. 제가 도와주고 기대한 이가
   저를 향해 부당하게 도리어
   지극하게 해를 입히더라도
   선지식과 같이 볼 수 있게 하소서.

7. 요약하면, 직접, 간접적으로
   이익들과 행복 어머니[2]들에게 드리고
   어머니의 모든 괴로움과 손해는
   은밀하게 제가 가져오게 하소서.


8. 이 모든 것 또한 세간팔풍의
   분별들로 오염되지 않으며
   모든 것을 환(幻)과 같이 아는 지혜로
   집착 없이 속박에서 벗어나게 하소서.

---

2) 어머니 : 무시이래로 윤회하며 무수한 어머니를 통해 태어났으므로 일체중생을 어머니
   로 본다는 의미.

# 삼종요도
## (세 가지 주요한 길)

쫑카빠[3] 지음

존귀하신 스승님들께 예경합니다.


부처님의 모든 가르침의 주요한 의미

성스러운 대보살님들께서 찬탄하신 길

해탈을 구하는 선연 있는 이들의 경로를

제 깜냥껏 해설해 보겠습니다.


윤회계의 행복에 탐착하지 않고

가만[4]을 헛되이 하지 않기 위해 정진함으로써

---

3) 쫑카빠 : 1357~1419. 티벳 겔룩파의 시조. 티벳불교의 최고 학승이자 부처로 추앙받는 고승.

4) 가만 : 팔유가와 십원만의 줄임말.

오직 부처님이 기뻐하시는 길에 헌신하는
선연 있는 이여, 신심으로 들으소서.


청정한 염리심이 없이는 윤회 바다의
행복추구를 그칠 방법이 없고
윤회계에 대한 탐착에 의해서도 유정들은
완전히 속박되므로 먼저 염리심을 구하소서.


얻기 어려운 가만의 이 삶이 짧음을
마음에 익힘으로써 현생에 대한 집착 거두고
어김없는 업보 윤회의 괴로움들을
자주 사유하면 후생에 대한 집착 또한 사라지리.


그와 같이 익힘으로써 윤회계 속의 풍요에
한 순간도 부러움이 일어나지 않고
밤낮으로 해탈만을 구하는 마음이 생겨나면

---

* 팔유가 : 지옥에 나지 않음, 축생으로 나지 않음, 아귀로 나지 않음, 장수천에 나지 않음, 불법이 없는 곳에 나지 않음, 몸이 불완전하지 않음, 전도된 견해를 갖지 않음, 부처님 없는 때에 나지 않음.
* 십원만 : 인간의 몸을 받음, 중심지(불법이 있는 곳)에 출생, 온전한 몸, 무간업을 짓지 않음, 불법을 믿음, 부처님이 세간에 나심, 부처님이 정법을 보이심, 정법이 머무름, 정법에 수순함, 타인의 자비를 얻음.
* 무간업 : 무간지옥에 떨어지게 하는 다섯 가지의 가장 무거운 죄. 아버지를 죽임, 어머니를 죽임, 아라한을 죽임, 승단의 화합을 깨뜨림, 악의로 여래의 몸에서 피가 나게 함.

바로 그 때 염리심이 일어난 것입니다.


염리심에 또한 청정 보리심의

바탕이 없으면 위없는 보리의

원만한 안락의 원인이 될 수 없나니

지혜로운 이들은 보리심을 일으키소서.


네 줄기 강의 격류에 휘말려

헤어나기 힘든 업의 결박에 단단히 묶이고

아집의 철망에 갇혀

무지의 암흑에 덮인 채로


끝없는 윤회에 태어나고 또 태어나며

세 가지 고(苦)[5]로 끊임없이 시달리는

이러한 처지에 있는 어머니들(중생)의

모습을 생각해서 보리심을 일으키소서.

---

5) 세 가지 고 : 고고(苦苦), 괴고(壞苦), 행고(行苦).
　① 고고: 일반적으로 괴로움으로 느끼는 것들.
　② 괴고: 유루의 행복. 일시적으로는 행복이지만 그것이 변해서 결국 괴로움이 되므로 괴고 또는 변고라 함.
　③ 행고: 업과 번뇌에 의해 생긴 유루온. 다른 모든 고에 편재하고 업과 번뇌에 종속되며 매 순간 변하는 성질이므로 행고라 함.

실상을 지각하는 지혜 없이는
염리심과 보리심을 익히더라도
윤회의 뿌리는 끊을 수 없나니
그러므로 연기를 깨닫는 방편에 힘쓰소서.

윤회와 열반의 일체법에 있어
인과는 항상 어김이 없음을 보고
실집의 대상을 모두 배격한 이는
부처님께서 기뻐하시는 길에 들어선 것입니다.

현상계의 연기법이 어김없음과
공성을 승인하는 이 두 가지 의미가
관련 없는 별개로 보이는 한은
아직 부처님의 뜻을 이해하지 못한 것입니다.

별도로 취급함 없이 언제나 동시적으로
연기법의 속임 없음을 보는 것만으로써
실집의 대상을 취하는 방식이 모두 사라지면
바로 그 때 견해의 고찰이 끝난 것입니다.

또한, 현상들에 의해 상변을 벗어나고
공에 의해 단변을 벗어나며
공성이 인과로 나타나는 도리를 알면
극단에 치우친 견해에 혹하지 않습니다.


이와 같은 세 가지 주요한 길의
내용을 여실히 지각했을 때
고요한 곳을 의지해 정진의 힘을 일으켜
궁극의 목표를 신속히 성취하소서, 아들이여.



 - 쫑카빠 존자께서 차코의 귀족 응악왕닥빠에게 구결전수하심.

# 보살수행 37송

톡메상뽀[6] 지음

관세음존께 예경합니다.

일체법에 오고 감이 없음 보시면서도
유정들을 위해 한결같이 애쓰는
존귀하신 스승님과 관음 보호주님께
항시 3문으로 예경합니다.

이로움과 안락 근원 되는 무상정각은
바른 법을 행함에서 나오며
이는 행할 바를 아는 것에 달려 있나니

---

6) 톡메상뽀 : 1295~1369 티벳의 고승.

이에 보살수행 길에 대해 설하리.


1. 얻기 힘든 가만의 배 얻은 이때에

   나와 남을 윤회 바다에서 건지기 위해

   밤낮으로 게으르지 않고 언제나

   듣고 사유하고 실천함이 보살수행이라네.


2. 친한 이를 향한 애착 파도처럼 일렁거리고

   적을 향한 분노 불과 같이 타오르나니

   취할 바와 버릴 바를 잊은 어두운

   무명 고향 끊는 것이 보살수행이라네.


3. 나쁜 대상 멀리하여 번뇌 점차 줄이며

   산란함을 그쳐 선업 절로 늘리고

   의식 맑혀 법에 대한 확신 얻으며

   적정처에 의지함이 보살수행이라네.


4. 오래도록 친한 벗과 지인들을 여의고

   애써 모은 재물들도 뒤에 남기고

   몸이라는 숙소에서 의식 손님 떠나가나니

   현세 집착 끊는 것이 보살수행이라네.

5. 어떤 이와 어울리면 삼독심은 커가고
   들고 사유하고 닦는 행은 쇠하며
   자애심과 연민 줄어들게 되나니
   그런 나쁜 벗을 멀리 함이 보살수행이라네.

6. 어떤 이에 의지하면 허물들이 사라져가고
   공덕들은 상현달과 같이 커져가나니
   그와 같은 바른 선지식을 자기 몸보다
   귀중하게 삼는 것이 보살수행이라네.

7. 자신 또한 윤회 감옥 안에 속박된
   세간 신이 어느 누굴 구제할 수 있으리.
   그러므로 귀의하면 헛되지 않을
   삼보님께 귀의함이 보살수행이라네.

8. 지극하게 참기 힘든 삼악도의 괴로움들은
   죄업들의 결과라고 부처님이 말씀하셨네.
   그러므로 목숨 버리는 한 있더라도 언제나
   죄업 짓지 않는 것이 보살수행이라네.

9. 삼계 안의 행복들은 풀잎 끝의 이슬과 같아
   순식간에 다해 사라지는 것이니

언제든지 변함없는 최고 해탈 경지를
추구하는 것이 보살수행이라네.


10. 무시이래 나를 사랑해 준 어머니들(중생)을
    고에 버려두고 나만 행복하면 무엇하리오.
    그러므로 한량없는 유정들을 건지기 위해
    보리심을 일으킴이 보살수행이라네.


11. 괴로움은 자신만의 행복 추구에서 생기고
    정등각은 남을 위한 마음에서 생겨나나니
    그러므로 남의 괴로움과 나의 행복을
    진정으로 교환함이 보살수행이라네.


12. 어떤 이가 욕심으로 인해 나의 재물을
    모두 훔치거나 빼앗고자 하여도
    몸과 재물, 삼세 선업들마저
    그를 위해 회향함이 보살수행이라네.


13. 내가 아무 잘못하지 않았음에도
    어떤 이가 나의 목을 벤다 하여도
    자비심의 힘으로써 그의 죄업을
    내가 대신 받는 것이 보살수행이라네.

14. 어떤 이가 나에 대한 갖가지의 비방을
    삼천 세계 두루 퍼뜨린다 해도 오히려
    자애로운 마음으로 그의 공덕을
    예찬하는 것이 보살수행이라네.

15. 많은 이들 모인 가운데서 누군가
    나의 허물 들추고서 욕할지라도
    그를 선지식과 같이 여기며
    공경하는 것이 보살수행이라네.

16. 나의 자식처럼 사랑하고 돌봐온 이가
    원수처럼 보고 나를 대할지라도
    어머니가 병든 자식 대하듯
    더욱 사랑하는 것이 보살수행이라네.

17. 나와 대등하고 또는 못한 이들이
    아만으로 인해 나를 멸시하여도
    스승처럼 나의 정수리에 공손히
    받아드는 것이 보살수행이라네.

18. 빈곤하고 항시 멸시받으며
    독한 병과 마에 시달려도 오히려

　　　　일체중생 죄와 고를 내가 받아들이고
　　　　위축되지 않는 것이 보살수행이라네.


19. 명성 얻고 많은 이의 존경 받으며
　　　　다문천왕처럼 부유하게 되어도
　　　　윤회계의 부귀영화 허망함을 보아서
　　　　자만하지 않는 것이 보살수행이라네.


20. 나 자신의 분노라는 적을 다스리지 못하면
　　　　외부의 적 물리쳐도 되려 늘어나나니
　　　　그러므로 자비라는 군대 힘에 의해서
　　　　자기 마음 다스림이 보살수행이라네.


21. 욕락들은 마치 소금물과 같아서
　　　　누릴수록 갈증 더욱 커져가나니
　　　　탐착 일어나게 하는 모든 것들은
　　　　즉시 멀리 하는 것이 보살수행이라네.


22. 현현하는 모든 것은 자신의 마음,
　　　　마음 본성 본래 희론 여의었나니
　　　　이를 알아 주와 객의 상(相)들을
　　　　작의하지 않는 것이 보살수행이라네.

23. 맘에 드는 대상들을 만나면
    여름날의 무지개의 빛처럼
    아름답게 나타나도 비실재로 보아서
    탐착 끊는 것이 보살수행이라네.

24. 온갖 괴로움은 꿈속에서 자식 죽는 것처럼
    환(幻)을 실재라고 여겨 몹시 지치네.
    그러므로 역경들에 부딪치는 때마다
    환(幻)과 같이 보는 것이 보살수행이라네.

25. 보리 위해 몸마저도 희생해야 하거늘
    바깥 사물들은 말해 무엇하리오.
    그러므로 보답이나 과보 바라지 않는
    보시 실천하는 것이 보살수행이라네.

26. 계행 없어 자기 이익조차 얻지 못하며
    이타 이루고자 하는 것은 가소로운 일.
    그러므로 세속적인 욕망 멀리한
    계율 수지하는 것이 보살수행이라네.

27. 선을 행하려는 보살에게는
    해 끼치는 이들 모두 보고(寶庫) 같나니

모든 이를 대상으로 나쁜 마음 버리는
인욕 닦는 것이 보살수행이라네.


28. 자기 이익만을 추구하는 성문, 독각들조차
   머리에 난 불 끄듯이 애쓰는 걸 볼진대
   일체중생 위해 모든 공덕들의 근원인
   정진 실천하는 것이 보살수행이라네.


29. 지(止)를 훌륭하게 갖춘 관(觀)으로
   번뇌 완전하게 파괴함을 알아서
   네 가지의 무색정도 초월한
   선정 닦는 것이 보살수행이라네.


30. 지혜 없는 다섯 가지 바라밀로는
   정등각을 이룰 수가 없나니
   방편 갖추고서 삼륜 분별 벗어난
   지혜 닦는 것이 보살수행이라네.


31. 스스로가 자기 허물 검토하지 않으면
   법의 모습으로 비법 행할 수가 있나니
   그러므로 항시 자기 허물을
   검토해서 제거함이 보살수행이라네.

32. 번뇌들로 인해 다른 보살을
    비방하면 자기 자신 퇴락하게 되나니
    대승의 길 가는 수행자들을
    비방하지 않는 것이 보살수행이라네.

33. 명리 집착하면 서로 다투게 되고
    듣고 사유하고 닦는 행은 퇴락하나니
    친구, 친척, 시주들에 대해서
    집착 끊는 것이 보살수행이라네.

34. 거친 말은 다른 이의 마음 상하게 하고
    보살행의 실천 퇴락하게 하나니
    그러므로 다른 이의 마음 상하게 하는
    거친 말을 끊는 것이 보살수행이라네.

35. 번뇌 습이 들면 다스리기 어렵게 되니
    억념, 살핌이란 대치법[7]의 무기 들고서
    탐착 등의 번뇌 처음 일어나는 그 즉시
    바로 분쇄하는 것이 보살수행이라네.

---

7) 대치법 : 해독제로 독을 치료하듯이, 각각의 번뇌를 약화거나 제거할 수 있는 지혜나
   마음 상태에 의해 번뇌를 다스리는 방법.

36. 요약하면, 어디에서 무얼 하든지
    나 자신의 마음 상태 어떠한가를
    항시 억념하고 살핌으로써
    이타 실천하는 것이 보살수행이라네.

37. 이와 같은 노력으로 이룬 선업들
    무한 유정들의 고를 제거하기 위해서
    삼륜청정 지혜로써 대각에
    회향하는 것이 보살수행이라네.

    현교, 밀교 경론에서 설한 의미를
    성현들의 가르침에 따라서
    보살들의 수행 서른일곱 가지로
    보살도를 배우려는 이들 위해 지었네.

    지혜 얕고 배운 것이 적어서
    성현들을 기쁘게 할 글재주는 없지만
    경과 성현들의 가르침에 의지하였으므로
    보살수행길에 어긋남은 없으리.

    그렇지만 보살들의 위대한 행은
    저와 같이 어리석은 이가 헤아리기 힘드니

어긋나고 관련 없는 등의 허물은
성현님들께서 인내하여 주소서.


이로 인해 생긴 선업으로 모든 중생이
승의보리심[8]과 세속보리심[9]에 의해서
윤회, 열반 양쪽 변을 벗어난
관음 수호존과 같이 되게 하소서.

---

8) 승의보리심 : 공성을 직관에 의해 지각하는 것.
9) 세속보리심 : 일반적인 의미의 보리심. 즉, 일체중생 구제를 위해 성불을 추구하는 마음.

# 보리도등론


아띠샤[10] 지음


문수동자 보살님께 예경합니다.


삼세의 모든 부처님과, 그의 법과,

승가에 큰 존경으로 절하며

선량한 제자 장춥외가 청함에 따라

보리도의 등불을 환히 밝히도록 하겠습니다.

---

10) 아띠샤 : 982~1054. 인도 사호르의 왕자 출신 고승이자 대학자. 말년에 티벳에 초청
되어 와서 불법을 폈다. 불교를 하사도, 중사도, 상사도의 3사도로 나누어 설명한 방
식은 이후 티벳불교에 지대한 영향을 끼쳤다. 쫑카빠 대사 역시 이 틀을 바탕으로 보
리도차제를 저술하였다.

하, 중, 상의 세 가지
수행자에 대해 알아야 하므로
그들의 특성을 설명하고
각각의 차이를 기술하겠습니다.


누군가 어떤 방법으로든지
윤회계의 행복만을
자신을 위해서 추구하는 이는
하사(下士)라고 알아야 합니다.


삼계의 행복을 뒤로 하고
죄업으로부터 돌아서며
자신의 열반만을 추구하는 이는
중사(中士)라고 합니다.


자신의 괴로움으로 미루어 알아
다른 이의 모든 괴로움까지도
완전히 소멸시키기를 원하는
그런 이가 상사(上士)입니다.


최상의 보리를 추구하는
훌륭한 유정들을 위해서

이제 스승님들께서 가르치신
바른 방편을 설하겠습니다.


불화와 불상 등과
성스런 탑의 앞에서
꽃과 향 등의 공양물을
정성껏 바칩니다.


보현행원품에서 설한
칠지공양 또한
궁극의 보리에 이를 때까지
멈추지 않겠다는 마음으로


삼보에 대한 깊은 신심으로
바닥에 무릎을 꿇고
두 손 모아 합장하고
먼저 삼귀의를 합니다.


그리고는 일체중생에 대한
자애심이 선행(先行)이므로
삼악도에 태어나는 등과
죽음 등으로 고통 받는

모든 중생을 바라보고
이러한 고고(苦苦)를 받는 이들을
고와, 고의 원인으로부터
해탈시키고자 하는 바람으로

물러나지 않겠다는 각오의
보리심을 일으켜야 합니다.
그와 같이 원(願)보리심을
일으킨 공덕에 대해서는

화엄경에 미륵께서
자세하게 설하셨습니다.
경전이나 스승님을 통해 들어서
원만한 보리심의 무한한 공덕을

자세히 이해한 후 그로 인해
거듭 거듭 발심해야 합니다.
용시청문경(勇施請問經)에서
보리심의 복덕을 자세히 설하신 바

그중에 삼송 정도를
간략히 여기에 적겠습니다.

"보리심의 모든 복덕에
만약 형체가 있다면

허공계를 가득 채우고도
그보다 더 넘치리라.
갠지스의 모래수보다 많은
불국토를 어떤 사람이

보배들로 모두 채워서
세간의 보호주께 헌공하는 것보다
어떤 이가 합장하고서
보리에 마음을 낸다면

이 공양이 더욱 수승하나니
거기엔 공덕이 한량이 없네."

원보리심을 일으킨 후엔
많은 노력으로 증장시키며

이것을 다른 생에서도 기억하기 위해
설해진 계 또한 철저히 지켜야 합니다.
행(行)보리심의 본질인 보살계가 없이는
바른 원보리심은 증장될 수 없습니다.

무상정각에 대한 원을 증장시키고자 하면

계를 반드시 애써 수지해야 합니다.

다른 일곱 가지 별해탈계[11]를

항상 수지하는 것과


보살계는 동행하는 것이지

상반되는 것이 아닙니다.

일곱 가지 별해탈계와

여래의 말씀 중에


범행(梵行)[12]이 가장 수승한 것이니

비구계가 바로 그것입니다.

보살지(菩薩地)[13]의 계율품에

잘 설해놓은 의궤에 따라


자격을 올바로 갖춘 훌륭한

스승님으로부터 계를 받으십시오.

계의 의궤에 해박하고

---

11) 7종 별해탈계 : 비구계, 비구니계, 정학녀(正學女)계, 사미계, 사미니계, 우바새계, 우바
   이계.

12) 범행 : 음행(淫行)을 끊는 수행.

13) 보살지 : 유가사지론의 제 15장.

그 자신이 계에 머무르며

계를 전수하고, 인내와 자비를 갖춘 분이
계사의 자격을 갖춘 스승입니다.
노력하여도 이러한 스승을
만약 찾을 수가 없다면

그와 달리 계를 받는
바른 의궤를 설하겠습니다.
이에, 문수존께서 예전에
허공왕이셨을 때에

보리심을 일으킨 방법을
묘상장엄불토경(妙祥莊嚴佛土經)에서
설하신 바에 따라
여기에 자세히 적겠습니다.

"보호주들의 안전(眼前)에서
원만한 보리심을 일으키고
일체중생을 손님으로 맞아
그들을 윤회에서 제도하리.

악의와 분심,
인색함과 질투는
지금부터 최상의 보리를
이룰 때까지 일으키지 않으리.


범행(梵行)을 닦고
악업과 욕망을 끊으리.
계와 율의를 즐겨
부처님을 따라 익히리.


빠른 방법으로 나 자신만의
보리를 이루기를 바라지 않고
단 한 명의 유정을 위해서라도
마지막까지 머무르리.


상상할 수 없이 무수한
국토를 모두 정화하리.
명호를 수지하고
시방에 안주하며


나의 몸과 말의 업을
모두 정화하고

마음의 업 또한 정화하여

불선업은 짓지 않으리."


자신의 몸과 말과 마음을 정화하는 요인은

행보리심의 본질인 계에 머무는 것이니

세 가지 계학[14]을 잘 배우면

계학에 대한 공경심은 더욱 커집니다.


그러므로 청정하고 원만한

보살계를 열심히 수지하면

원만한 보리의 자량을

구족하게 됩니다.


복덕과 지혜의 자량을

구족한 인(因)에 의해서

모든 부처님의 신통은

생겨나게 됩니다.


마치 날개가 자라지 않은 새는

하늘을 날 수 없는 것처럼

---

14) 세 가지 계학 : 율의계, 섭선법계, 요익유정계 등의 삼취정계.

그와 같이 신통력이 없이는
중생을 이롭게 할 수 없습니다.


신통력을 갖춘 이가
하루 밤낮에 닦은 복덕을
신통력이 없는 자는
백 생으로도 얻지 못합니다.


원만한 보리의 자량을
신속하게 구족하기를 원한다면
정진으로써 신통을 이뤄야 하며
나태해서는 이룰 수가 없습니다.


지(止)를 성취하지 못하면
신통력은 생겨나지 않으니
그러므로 지(止)를 이루기 위해
거듭 거듭 정진해야 합니다.


지(止)의 가지들이 부실하면
대단한 노력으로 수행하여도
천년이 지나더라도
삼매를 이룰 수 없습니다.

그러므로 삼마지자량품에서 설한
지(止)의 가지들에 잘 머무르고
어느 한 가지 대상에
마음을 잘 집중하여

지(止)의 수행을 성취하면
신통력 또한 얻게 됩니다.
그러나 지혜바라밀의 수행이 없이는
장애가 다하지 않습니다.

그러므로 번뇌장과 소지장을
남김없이 끊기 위해서
항시 지혜바라밀의 수행을
방편과 함께 수행해야 합니다.

방편을 여읜 지혜와
지혜를 여읜 방편은
모두 속박이라 설하셨으니
두 가지 모두 버려선 안 됩니다.

지혜와 방편이 무엇인가라는
의심을 해소하기 위해서

방편과 지혜의 차별에 대해
분명하게 밝히도록 하겠습니다.

지혜바라밀을 제외한
보시바라밀 등의
모든 선업 자량들을
부처님께서 방편이라 설하셨습니다.

방편을 수행한 힘으로
지혜를 잘 수행한 이는
위없는 보리를 신속히 이루지만
무아만을 수행해서는 이룰 수가 없습니다.

온(蘊)과 처(處)와 계(界)등이
무생(無生)임을 깨닫게 하는
자성공(自性空)을 아는 것이
지혜라고 상세히 설하셨습니다.

이미 있는 것이 생겨남은 불합리하고
없는 것 또한 허공의 꽃과 같아
양쪽 모두 오류에 귀착되므로
두 가지가 모두 불생(不生)입니다.

사물은 자신으로부터 생겨나는 것도 아니고

다른 것이나, 자타 모두로부터도 아닙니다.

원인 없이 생겨나는 것도 아니므로

본래의 자성이 없습니다.


또한, 모든 존재들을

하나와 여럿(離一多因)[15]으로 고찰하면

본질을 찾을 수 없으므로

무자성으로 확정됩니다.


칠십공성여리론(七十空性如理論)과

중론 등에서도

사물들의 자성의

공성을 설하신 바


본문이 너무 길어지지 않도록

여기서는 모두 인용하지 않고

결론적인 종지만을

수행을 위해 설하겠습니다.

---

15) 이일다인 : 하나와 여럿을 여의었다는 논거. 예를 들면 "새싹은 실재가 아니다. 승의
에서 하나로 성립하는 것도, 여럿으로 성립하는 것도 아니기 때문에."라는 논증식에
서 밑줄 친 부분.

모든 법들의 자성을
찾을 수가 없나니
무아를 수습(修習)하는 것이
지혜를 수습하는 것입니다.


지혜로써 보면 일체법의 자성이 없고
지혜 그 자신 또한 무자성임을
바른 이치로써 설하신 바
분별없이 그것을 수습해야 합니다.


분별로부터 생겨난 이 윤회계는
분별을 본질로 하므로
분별을 남김없이 끊는 것이
최상의 열반입니다.


그와 같이 세존께서
"분별은 큰 무명이니
윤회의 바다에 빠지게 한다.
무분별삼매에 머무르면


허공처럼 무분별이 확연하다."
라고 설하셨습니다.

입무분별다라니(入無分別陀羅尼)에서도
"이 정법에 보살이

무분별을 사유하면
끊기 어려운 분별들을 넘어
점차 무분별을 이루게 된다."
라고 설하셨습니다.

경전과 이치를 통해
일체법에 생겨남이 없는
무자성을 확실히 이해하고
무분별을 수습해야 합니다.

그와 같이 진여를 수습하여
차례로 난위 등을 성취하고
환희지 등을 성취하게 되니
부처의 깨달음도 멀지 않습니다.

진언의 힘으로 성취되는
식재(息災)[16]와 증익(增益)[17]등의 의식으로써

---

16) 식재(샨띠까) : 질병, 국난, 자연재해 등 여러 가지 재앙을 없애고자 기원하는 호마의식.
17) 증익(뿌스띠까) : 번영과 풍요를 기원하는 호마의식.

보병성취를 비롯한
팔대성취[18]등의 힘에 의지해

수월하게 보리자량을
완전하게 구족하기를 원하고
사부(事部), 행부(行部) 등의 밀법[19]에서 설한
밀주(密呪)를 만약 행하고자 하면

스승님의 관정을 받기 위해서
시봉하고, 예물 등을 바치며
고행 등의 모든 방법으로
거룩하신 스승님을 만족시켜야 합니다.

스승님을 만족시킴으로써
원만하게 관정을 전수받아서
모든 죄업을 정화한 이는
성취자가 될 선근을 갖춥니다.

---

18) 팔대성취 : 보병(寶甁), 신행(神行), 보검(寶劍), 사자(使者), 토행(土行), 은신(隱身), 여
    의수(如意樹), 왕권(王權).
19) 밀교를 4부로 분류하면 사부, 행부, 요가부, 무상요가부 등이 있다.

초불대속(初佛大續)에서

극구 금지하신 바대로

비밀과 지혜 관정은

범행자(梵行者)가 받아선 안 됩니다.


만약 그 관정을 받는다면

고된 범행에 머무는 이가

금지된 바를 행하게 되므로

고행의 율의가 무너져


그 금행자(禁行者)는 바라이[20]의

죄를 범하게 되고

반드시 악도에 떨어지므로

성취 또한 있을 수 없습니다.


그러나 밀법을 모두 듣고 설하고

호마[21]와 공양 등을 행하며

스승으로부터 관정을 받고

진여를 통달한 이에게는 죄가 되지 않습니다.

---

20) 바라이 : 범했을 경우 비구계를 상실하게 되는 네 가지 중죄.

21) 호마 : 화염 속에 여러 가지 공양물을 던져 넣는 행위를 통해 불보살이나 신들에게 공
    양 올리고 기원하는 의식. 식재(息災), 증익(增益), 경애(敬愛), 조복(調伏) 등의 네 가지

상좌 아띠샤가

경전 등의 법으로부터 보고

장춥외가 청하여

보리도를 간략히 설하였습니다.

---

로 분류한다.

# 보살계율보만

체왕쌈둡[22] 지음

불보살님들께 예경합니다.

---

22) 체왕쌈둡 : 제10대 달라이라마의 스승.

# 1. 보살계 받는 방법

　불보살님들께 예경하고 정성껏 공양 올린 후 일체중생을 위해서 모든 복덕의 보고인 보살계를, 보살계에 머물고 보살의 경장에 해박하며 제자를 기를 역량을 갖춘 스승에게 청하여 받도록 한다.

# 2. 보살계를 호지(護持)하는 방법

　보살의 경장과 주석 등에 해박한 올바른 선지식을 법답게 의지하여 보살계의 내용들을 알도록 하며, 구체적으로는 18근본타죄(根本墮罪)와 46악작(惡作)에 대해 알도록 한다.

## 1) 18근본타죄

① 자찬과 타인 비방의 타죄 : 이익과 공경 받는 것을 탐해서 자신을 칭찬하고, 공덕을 갖춘 남을 비방하는 것.
분류하면, 자찬의 타죄와 타인 비방의 타죄 두 가지가 있다.

② 법이나 재물을 베풀지 않은 타죄 : 괴로운 이나 의지할 곳이 없는 이들을 가르침이나 재물로써 보살필 수 있으면서도 인색함으로 인해 하지 않는 것.
분류하면, 법을 베풀지 않은 타죄와 재물을 베풀지 않은 타죄 두 가지가 있다.

③ 참회해도 듣지 않고 꾸짖은 타죄 : 다른 이가 자신에게 용서를 비는 등 법도에 맞게 사과하는데도 듣지 않고 성난 몸짓과 말로 대응하는 것.
분류하면, 꾸짖은 타죄와 사과 받지 않은 타죄 두 가지가 있다.

④ 대승을 배척하고 유사법을 설시한 타죄 : 보살의 경장에 대해 "이것은 부처님의 말씀이 아니다."라는 등으로 배척하고 유사법을 좋아하고 남에게 설시하는 것.

분류하면, 대승을 배척한 타죄와 유사법을 설시한 타죄 두 가지가 있다.

⑤ 삼보의 재물을 착복한 타죄 : 삼보에 소속된 물건을 자신에게 권한이 없음을 알면서도 자신을 위해서 스스로 훔치거나, 남을 시켜 훔치거나, 빼앗거나, 방편을 써서 얻는 것.
분류하면, 불보, 법보, 승보의 재물을 착복한 타죄 세 가지가 있다.

⑥ 정법을 배척한 타죄 : 도의 가르침을 완전히 설시한 삼승의 경장에 대해 "이것은 부처님의 말씀이 아니다."라는 등으로 비방하는 것.
분류하면, 삼승 각각의 경장을 배척한 타죄 세 가지가 있다.

⑦ 승복을 빼앗는 등과 퇴속시킨 타죄 : 계율을 지니거나 지니지 않은 출가자에게 악의로써 승복을 빼앗거나 때리거나 감옥에 집어넣거나 퇴속시키는 등의 행위.
분류하면, 승복을 빼앗는 등의 타죄와 퇴속시킨 타죄 두 가지가 있다.

⑧ 무간죄의 타죄 : 아버지나 어머니나 아라한을 죽이거나 승단을 분열시키거나 악의로 여래의 몸에서 피가 나게 하는 등의 오무간죄.
분류하면, 오무간죄의 다섯 가지가 있다.

⑨ 전도견의 타죄 : 인과나 윤회 등이 없다는 견해를 갖는 것.

⑩ 마을 등을 파괴한 타죄 : 마을이나 도시, 지역, 국가 등을 파괴하는 것.
분류하면, 마을을 파괴한 타죄 등의 네 가지가 있다.

⑪ 근기가 아닌 자에게 공성을 설한 타죄 : 공성을 설할 근기가 아닌 대승의 발심자에게 공성을 설하여, 두려움으로 인해 발심에서 물러나 소승의 마음을 내게 하는 것.

⑫ 완전한 보리로부터 물러나게 한 타죄 : 완전한 보리에 발심한 이에게 "육바라밀행과 성불은 매우 어려운 일이지만, 성문, 독각의 발심을 하면 윤회로부터 벗어나기가 더 쉽습니다."라는 따위의 말을 해서 그 대상이 완전한 보리의 발심으로부터 물러나게 하는 것.

⑬ 별해탈계를 배척한 타죄 : 별해탈계에 법답게 머무는 이에게 "별해탈계가 청정하면 뭐합니까? 원만한 보리에 발심하고 대승으로 돌아오십시오. 그리하면 3문의 일체 악행이 소멸하게 됩니다."라는 따위의 말을 하여, 그 대상이 별해탈계를 버리게 하는 것.

⑭ 소승을 통해서는 탐진치 번뇌를 끊을 수 없다고 본 타죄 : 성문, 독각의 승(乘)을 아무리 배워도 번뇌를 남김없이 끊을 수 없다고 비

방하고, 성문, 독각의 깨달음으로써는 윤회에서 벗어날 수 없다고 보는 것.

⑮ 전도설(顚倒說)의 타죄 : 이익과 공경을 받기 위해 대승을 드러내고, 독송하고, 설하면서 자신은 이익과 공경 따위를 바라지 않는 대승의 수행자이고 다른 이들은 그렇지 않다는 등의 말을 하거나, 공성을 설하면서 "이것을 명상하십시오. 그리하여 공성을 깨달으면 저와 같이 될 것입니다."라는 따위의 말을 해서 상대방이 그 말뜻을 알아듣는 것.

⑯ 삼보로부터의 압수물을 받아 가진 타죄 : 왕이나 대신 등이 삼보에게서 압수한 재물 또는 승단이나 비구로부터 처벌로 압수한 물건 등을 자신에게 바칠 때 받아 가진 것.

⑰ 지(止)를 배척하여 선정을 닦는 이의 물자를 송경자(誦經者)에게 준 타죄 : 지(止)에 집중하는 선정 수행자를 혐오하는 마음으로, 그들에게 줄 물자를 가져다 송경자들에게 주는 것.

⑱ 보리심을 버린 타죄 : 보리심을 잃어버리는 것.

아홉 번째인 전도견을 취한 타죄와, 열여덟 번째 보리심을 버린 타죄 이 두 가지는 타죄가 성립하기 위해 사전(四纏: 네 가지 얽힘)을 필요로 하지 않으며, 나머지 열여섯 가지는 사전을 필요로 한다.

사전이란, 첫째, 여전히 하고자 하는 것, 둘째, 부끄러움이 없는 것, 셋째, 좋아하고 만족하는 것, 넷째, 허물로 보지 않는 것 등을 말한다.

네 번째에 앞의 세 가지가 모두 갖추어지면 대전(大纏: 큰 얽힘)이라 한다.

네 번째에 다른 두 가지 또는 한 가지를 더하거나 네 번째 것만 있으면 중타(中墮: 중간 타락)라 한다.

앞의 세 가지만 있으면 소타(小墮: 작은 타락)이다.

열여섯 가지 타죄의 항목을 범해도 대전이 갖추어지지 않으면 중타나 소타에 속하는 타죄이므로, 그것들은 근본타죄의 부속 악작이 된다.

## 2) 46악작

① 삼보에 3문으로 공양하지 않은 악작 : 삼보에 몸으로 절, 입으로 예찬, 마음으로 신심, 이러한 3문의 공양을 하지 않고 하루가 지난 것.

② 탐욕을 따른 악작 : 자신의 큰 탐욕과, 만족할 줄 모르는 것과, 재물과 명예에 대한 탐착 등을 제지하지 않는 것.

③ 장로들을 공경하지 않은 악작 : 공경 받을 만한 공덕을 갖춘 선배 보살을 공경하지 않는 것.

④ 질문에 올바르게 대답하지 않은 악작 : 다른 이가 자신에게 솔직하게 말하고 좋게 질문하는데도 불구하고 성냄이나 나태함으로 인해 올바르게 대답하지 않는 것.

⑤ 초청에 응하지 않은 악작 : 다른 이가 음식이나 의복 등을 공양하기 위해 초청할 때 아만이나 악의, 성냄, 나태함 등으로 인해 가지 않는 것.

⑥ 재물 등을 받지 않은 악작 : 시주가 금은 등의 갖가지 보배를 공양할 때 악의나 성냄이나 나태함으로 인해 받지 않는 것.

⑦ 법을 구하는 이에게 법을 주지 않은 악작 : 법을 구하는 이에게 악의나 성냄, 질투, 나태 등으로 인해 법을 주지 않는 것.

* 이상의 일곱 가지는 섭선법(攝善法)인 보시바라밀에 관련된 악작이다.

⑧ 범계자(犯戒者)들을 배척한 악작 : 무간죄를 짓거나 근본타죄를 범한 이들에게 그러한 이유로 악의나 성냄이나 나태함으로 인해 섭수하지 않고 멸시하는 것.

⑨ 상대방의 신심을 위해서 올바로 가르치지 않은 악작 : 상대방의 마음을 사기 위해서 율장의 가르침을 성문들과 같이 가르치지 않는 것.

⑩ 중생을 위한 행위가 작은 악작 : 율장에서 "보시 받은 옷을 열흘이 넘도록 가지고 있지 말라."는 등의 차계(遮戒)[23]의 타죄 등을 보살

이 성문들과 똑같이 따를 필요가 없음에도 똑같이 따르는 것.

⑪ 자비를 행하지 않은 악작 : 보리심을 갖추고 보살의 율의를 법답게 배우는 이는 다른 이를 위한 어떤 특별한 경우에 살생 등의 일곱 가지[24]가 허용되는 때가 있는데도 그러한 때에 하지 않는 것.

⑫ 삿된 생계의 악작 : 궤사(詭詐)[25], 허담(虛談)[26], 현상(現相)[27], 방편연구(方便研求)[28], 가리구리(假利求利)[29]등의 다섯 가지 삿된 생계 중의 하나를 감수하고, 그것들에 대해 대치법을 쓰지 않는 것.

⑬ 지나치게 산란한 악작 : 여러 생각들을 일으켜 산란하게 장난치고 소란 피우며 남 또한 산란하게 만들고자 하는 것.

⑭ 윤회 일로(一路)의 악작 : "보살들은 열반을 좋아하지 말고 열반을 뒤로 하며, 번뇌를 두려워하지 말고 번뇌들로부터 마음을 너무

---

23) 차계 : 일반인들에겐 죄가 되지 않는 행위에 대해 부처님께서 금지한 계율.

24) 살생, 투도, 사음, 망어, 이간어, 악어, 기어 등 10불선업 중에서 몸과 말로 짓는 일곱 가지 행위.

25) 궤사 : 공덕을 갖추고 법답게 행하는 것처럼 거짓으로 꾸며서 공양 받는 행위.

26) 허담 : 이익을 얻기 위해서 상대방에게 아첨하는 행위.

27) 현상 : 상대방의 물건을 얻고자 하는 의도로 그것에 대해 찬탄하는 행위.

28) 방편연구 : 누구는 나에게 공양을 하고 누구는 안 했다는 등의 말을 해서 공양 받는 행위.

29) 가리구리 : 큰 것을 얻기 위해서 작은 것을 주는 행위.

멀리하지 말지니, 삼대무량겁을 윤회하며 원만한 보리를 구해야 한다."고 보고 그렇게 말하는 것.

⑮ 나쁜 소문의 소지를 없애지 않은 악작 : 자신에 대해 불미스러운 소문이 있거나 생겨날 소지가 자신에게 있는데도 그것을 제거하지 않는 것.

⑯ 번뇌를 고쳐주지 않은 악작 : 어떤 이의 몸과 말의 악업들을 엄한 벌로 고칠 수 있음을 보면서도 단지 그의 마음을 사기 위해서 엄한 방편으로 다스리지 않는 것.

**\* 8~16의 아홉 가지는 지계바라밀에 관련된 악작이다.**

⑰ 사사문법(四沙門法)을 여읜 악작 : 다른 이가 자신에게 욕하고, 성내고, 때리고, 허물을 들추어내는 등의 네 가지 행위에 대해 대항하는 것.

⑱ 성난 이들을 배척한 악작 : 자신이 남에게 잘못 했거나 했다고 다른 이가 의심하는 일에 대해서 악의, 아만, 나태함 등으로 인해 법도에 맞게 오해를 풀어주지 않는 것.

⑲ 타인의 참회를 거부한 악작 : 다른 이가 자신에게 잘못한 일에 대해 법도에 맞게 사과하는데도 원한이나 악의 또는 용서하고 싶지 않은 마음으로 인해 사과 받지 않는 것.

⑳ 성난 마음을 따른 악작 : 다른 이에 대한 성난 마음에 빠지고 지니는 것을 "허물로 보지 않는다."라며 감수하는 것.

* 17~20은 인욕바라밀에 관련된 악작이다.

㉑ 공경받기 위해 주변인들을 모은 악작 : 이익, 공경, 시봉 등을 바라서 주변 사람들을 모으는 것.

㉒ 나태함 등을 제거하지 않은 악작 : 잠에 탐착함과 나태함으로 인해 중야(中夜)를 제외한 낮 시간, 상반야(上半夜), 하반야(下半夜)에 잠의 안락, 마음을 방일하게 하는 안락, 잠자리에 눕는 안락 등을 감수하고 제거하지 않는 것.

㉓ 탐착으로 잡담한 악작 : 정치, 도적, 여자 등의 잡스런 이야기들에 탐착해서 시간을 낭비하는 것.

* 위의 세 가지는 정진바라밀에 관련된 악작이다.

㉔ 삼매를 독려하지 않은 악작 : 마음을 집중하기를 원하는 이에게 악의나 나태함으로 인해 삼매의 가르침을 전수하지 않는 것.

㉕ 선정의 장애를 끊지 않은 악작 : 선정에 방해가 되는 장애인 들뜸, 후회, 악의, 혼침, 욕구, 의심 중의 어느 것을 감수하고 제거하지 않는 것.

㉖ 선정의 맛을 공덕으로 본 악작 : 선정의 안락을 탐하고, 그것을 향수하는 것을 공덕으로 보는 것.

\* 위의 세 가지는 선정바라밀에 관련된 악작이다.

㉗ 성문승(聲聞乘)을 배척한 악작 : 성문의 경장을 듣고 의미를 새기고 배우는 등은 소승에는 필요하지만 보살에게는 필요 없다고 보고 남에게도 그렇게 말하는 것.

㉘ 소승만 배우는 악작 : 보살의 경장은 배우지 않고 성문의 경장만을 배우는 것.

㉙ 외도의 논서만 배운 악작 : 부처님의 가르침을 배우지 않고 외도의 논서만 배우는 것.

㉚ 외도를 좋아하며 배운 악작 : 필요에 의해서 외도의 논서를 배울 필요는 있지만, 처음과 끝, 중간 모두 좋아하며 배우는 것.

㉛ 대승을 배척한 악작 : 보살의 경장 중 어느 것에 대해서 내용이 하찮다든가, 저자가 하찮다든가, 중생에게 이익 되지 않는다는 등의 비방의 말을 하는 것.

㉜ 자신을 높이고 남을 폄훼한 악작 : 아만이나 성냄으로써 자신을 칭찬하고 남을 폄훼하는 것.

㉝ 법을 추구하지 않은 악작 : 아만이나 나태함으로 인해 설법이나 법담 등의 장소에 가지 않는 것.

㉞ 설법자를 무시하고 문자에 의지한 악작 : 자신에게 법을 설해주는 이를 부처로 관상하며 공경하지 않고 무시하거나 비방하고, 설법의 의미보다 말에 의지하는 것.

* 27~34의 여덟 가지는 지혜바라밀에 관련된 악작이며, 이 서른네 가지 악작은 섭선법(攝善法)인 육바라밀에 관련된 악작이다.

㉟ 필요한 도움을 주지 않은 악작 : 행위의 확립, 행도(行道), 학문,

허물없는 일, 재산의 보호, 재계(齋戒), 잔치, 복덕행위 등의 어느 것을 도울 수 있는 때에 성냄이나 나태함으로 인해 돕지 않는 것.

㊱ 병간호를 거부한 악작 : 병자에게 시중을 들 수 있는 때에 성냄이나 나태함으로 인해 시중들지 않는 것.

㊲ 괴로움을 제거하도록 하지 않은 악작 : 벙어리, 귀머거리, 장애자, 길에서 지친 이, 다섯 가지 장애(五蓋)[30]로 괴로운 자, 악의 따위의 분별로 괴로운 자, 다른 이에게 무시당해 괴로운 자 등의 일곱 가지 중에서, 성냄이나 나태함으로 인해 그 괴로움들을 제거할 방편을 쓰지 않는 것.

㊳ 방일한 이에게 이치를 보여주지 않은 악작 : 장래의 이익에 해로운 행위로 나아가는 이에게 성냄이나 나태함으로 인해 적절한 이치를 보여주지 않는 것.

㊴ 보답하지 않은 악작 : 자신에게 이익을 준 이에게 악의나 나태함으로 인해 보답하지 않는 것.

㊵ 남의 불행을 방치한 악작 : 친족과 헤어지거나 재산을 손실당한

---

30) 다섯 가지 장애 : 도회개(掉悔蓋), 진에개(瞋恚蓋), 혼수개(昏睡蓋), 탐욕개(貪欲蓋), 의법개(疑法蓋).

불행에 처한 이에게 악의나 나태함으로 인해 그 불행을 제거하도록 하지 않는 것.

㊶ 구하는 이에게 보시하지 않은 악작 : 음식 등을 구하는 이에게 악의나 나태함으로 인해 주지 않는 것.

㊷ 주변을 보살피지 않은 악작 : 주변인들에게 악의나 나태함으로 인해 가르침을 주지 않거나, 신심 있는 재가 신도들에게 법구(法具)를 법답게 마련해주지 않는 것.

㊸ 화합하지 않은 악작 : 악의나 나태함으로 인해 다른 이의 마음과 화합하지 않는 것.

㊹ 공덕을 예찬하지 않은 악작 : 악의나 나태함으로 인해 다른 이의 공덕에 대해 예찬하지 않거나, 훌륭한 설법에 대해 수희하지 않는 것.

㊺ 적절하게 처벌하지 않은 악작 : 기를 꺾거나, 벌책하거나, 추방 등을 해야 할 때에 번뇌나 나태함으로 인해 하지 않는 것.

㊻ 신통 등을 보이지 않은 악작 : 자신에게 신통과 갖가지 능력이 있어서 경외심을 갖게 하거나, 신심을 내게 하거나, 계율을 수지하

지 않는 자에 대한 신봉을 없애는 등을 할 수 있으면서도 그렇게 하
지 않는 것.

* 35~46의 열두 가지는 요익유정계(饒益有情戒)에 관련된 악작이
다.

## 3) 원(願)보리심의 학처에 어긋난 악작

　다른 이를 가르침이나 물질적으로 보살필 수 있음에도 하지 않는 것, 다른 이에게 해를 입은 것에 대해 원한을 품고 편을 갈라 탐진(貪瞋)을 일으키는 것, 성현들에 의지하지 않고 경청과 사유의 행을 버리는 것, 음식과 의복 등을 이용할 때 이타의 마음으로 하지 않거나, 모든 선행을 발심을 바탕으로 하지 않는 것.

# 4) 후생에서도 보리심을 여의지 않는 인(因)

네 가지 흑법(黑法)을 버리고, 네 가지 백법(白法)을 취한다.

① 네 가지 흑법 : 스승이나 공양 대상 등에게 일부러 거짓말로 속이는 것, 다른 이가 선행을 한 것에 대해 후회하게 만드는 것, 성냄으로 인해 보살을 비방하는 것, 어떤 중생을 대해서든 이타적 책임감에 어긋나는 행위.

② 네 가지 백법 : 모든 중생에게 농담으로라도 일부러 거짓말을 하지 않는 것, 자신이 성숙시킬 수 있는 중생을 소승에 들어가지 않고 원만한 보리에 향하게 하는 것, 모든 중생들을 부처님으로 관상하고 청정상(淸淨相)을 익히는 것, 모든 중생들에게 기만 없는 정직한 마음에 머무는 것.

# 3. 무너진 계(戒)를 되살리는 법

대전을 갖춘 근본타죄와 원보리심의 방기, 전도견 등의 경우에는 보살계를 다시 받아야 한다.

중타의 경우에는 세 명 이상의 앞에서 참회한다.

소타의 경우나 46악작을 범한 경우에는 한 명 앞에서 참회하도록 한다.

그 밖의 악작은 한 명 또는 그 이상의 앞에서 참회하면 가장 훌륭하고, 그렇지 않으면 불보살님들의 앞에서 참회한다는 생각으로 불상 앞에서 참회하도록 하며, 삼귀의, 발심, 타죄참회, 일반참회, 금강심(金剛心)을 수습(修習)하고 반복 염송하는 등으로써 참회하도록 한다.

# 포살 등 승가의 앞에서 참회하는 방법

모든 참회의 경우에 4대치력[31]을 갖춘 채로 해야만 한다.

---

31) 4대치력 : 소의대치력(所依大治力), 염환대치력(厭患大治力), 반회대치력(返回大治力), 현행대치력(現行大治力)

① 소의대치력 : 삼귀의와 보리심을 수습(修習)하는 것.

② 염환대치력 : 악업으로부터 이숙(異熟) 등의 삼과(三果)가 일어나는 도리를 명상하고, 자신이 지은 악업들에 대해 크게 뉘우치는 것.

③ 반회대치력 : 이후로는 범하지 않겠다고 결심하고 10불선업을 단속하는 것.

④ 현행대치력 : 첫째, 반야경 등의 경구를 수지, 독송 하는 것. 둘째, 무아와 광명의 법성을 배우고 본래청정을 믿는 것. 셋째, 죄업이 소멸되었다는 상징이 나타날 때까지 의식에 따라 백자진언 등의 특수한 다라니를 외는 것. 넷째, 부처님에 대한 신심을 가지고 불상을 조성하는 것. 다섯째, 부처님과 탑 등에 갖가지 공양을 올리는 것. 여섯째, 부처님과 대보살님들의 명호를 듣고 수지하는 것.

삼배하고 일어나 공경심으로 합장한 채, "승가의 보살님들이시여, 원만히 설한 근본타죄와 악작의 항목 중에서 보살의 율의에 어긋나는 헤아릴 수 없이 많은 과실을 회개하는 의궤를 행해 주십시오."라고 말한 후 쪼그리고 앉아[32] 합장하고 다음과 같이 세 번 반복해서 말한다. [2]

"시방에 계신 모든 불보살님들과 승가의 보살님들이시여, 저의 말씀을 들어주소서. 저 보살 아무개(자신의 이름)는 원만히 설한 근본타죄의 항목 중에 보살의 율의에 어긋나는 과실인 이익과 명예에 탐착하여 자찬하고 남을 비방함과, 괴롭거나 의지할 곳 없는 이들에게 인색함으로 인해 법과 재물을 주지 않음과, 다른 이가 참회해도 듣지 않고 성내고 꾸짖음과, 대승을 배척하고 유사법을 설시함과, 삼보의 재물 착복 등 보살이 근본타죄로 인정하는 18근본타죄의 항목을 범한 소타와 중타에 속하는 타죄와, 그와 유사한 헤아릴 수 없이 많은 과실과, 원만히 설한 악작의 항목 중에서 보살계에 어긋나는 과실인 3보에 3문으로 공양하지 않음, 탐욕을 따름 등 46악작의 항목에 속하는 타죄와, 그와 유사한 헤아릴 수 없이 많은 과실과, 보리심의 공덕을 하루 여섯 번 기억하지 않음과, 원보리심을 하루 여섯 번 지니지 않음과, 중생구제 포기와, 두 가지 자량을 쌓기 위해 노력하지 않음과, 네 가지 흑법을 버리지 않음과, 네 가지 백법에 의지하지 않음과, 율의계, 섭선법계, 요익유정계 등을 배움

---

32) 우슬착지가 아니고, 두 다리를 똑같이 발뒤꿈치를 들고 무릎이 땅에 닿지 않게 쪼그리고 앉는 자세.

에 힘쓰지 않음과, 보시 등의 육바라밀을 배움에 힘쓰지 않음과, 사섭법(四攝法)을 통한 중생의 이익을 위해 노력하지 않음과, 법시(가르침의 베풂)나 재시(물질적 베풂)가 필요할 때 하지 않음과, 타인에게 도움 받거나 피해 입은 상을 마음에 두어 차별함과, 편벽한 생각으로 탐착하거나 성내거나 평등심에 어긋나는 마음을 일으킴과, 성현들을 가까이 의지하지 않음과, 보살의 깊고 광대한 경장을 법답게 듣고 사유하지 않음과, 의식주 등의 행위를 할 때 이타의 마음으로 하지 않음과, 보시 등의 육바라밀을 행할 때 이타심을 바탕으로 하지 않음과, 타인의 이익을 구하고 괴로움을 제거하는 가행에 나태함 등 요약하면, 보살의 율의에 어긋나는 헤아릴 수 없이 많은 과실을 범했으니, 저 보살 아무개의 과실들을 시방에 계신 모든 불보살님들과 승가의 보살님들의 눈앞에 실토합니다. 숨기지 않습니다. 참회합니다. 이후로는 계를 잘 수지하겠습니다. 실토하고 참회하면 안락에 머물게 되지만, 실토하지 않고 참회하지 않으면 그렇게 되지 않습니다."

이와 같이 세 번 반복한 후 갈마사[33]께서 "이것들을 과실로 보았습니까?"라고 물으면, 참회자들은 "보았습니다."라고 대답한다.

다시 "이후로는 계를 잘 수지하겠습니까?"라고 물으면, "법과 율의에 맞게 지성으로 정수리에 받들겠습니다."라고 대답한다.

이렇게 세 번 반복한 후, 갈마사께서 "선방편입니다."라고 말하면, 참회자들이 "선재.(좋습니다.)"라고 대답한다.

---

33) 갈마사 : 수계나 참회 의식을 주관하는 스승.

# 4. 지계(持戒)의 공덕

　단기적인 공덕으로는, 부처님들께서 자식처럼 여기시고, 죽을 때 무량한 선근에 의해 삼악도의 두려움이 없으며, 후생에 불보살님들과 만날 것을 생각하여 큰 기쁨을 얻고, 후생에 자신과 지견과 품행이 비슷한 보살이나 그보다 나은 선지식이 계시는 곳에 나며, 지계바라밀을 완성시키는 복덕이 무한히 생기고, 후생에도 계율을 수지하게 되는 등 공덕이 무한하다고 설하셨으며, 궁극적인 공덕으로는 이에 의지해서 지계바라밀을 완성하고 위없는 깨달음으로 부처를 이루게 되는 것이다.

수습차제 중본

# 수습차제 중본[34]

까말라실라[35] 지음

문수동자님께 예경합니다.

---

34) 수습차제 중본 : 수습차제는 분량에 따라 광본, 중본, 약본의 세 가지가 있다. 그중
 에서 이 중본을 가장 많이 본다. 상중하 시리즈의 일부가 아니라 광중략이 모두 각
 각의 완결본이다.

35) 까말라실라 : 8세기 인도 날란다 불교대학의 대학자. 스승이신 샨따락시따의 초청으
 로 티벳에 건너가 중국의 선승 마하연 선사와의 논쟁에서 승리함으로써 티벳에 인도
 불교의 전통을 확립하는 데 큰 공헌을 하였다.

대승 경전의 체계에 따라 입문하는 이들을 위해 명상의 단계를 간략히 설하고자 한다.

일체종지를 신속히 이루고자 하는 지혜로운 이들은 그것을 이루게 하는 원인과 조건들을 갖추기 위해 노력해야 한다.

일체종지는 원인 없이는 생겨날 수 없다. 만약 그렇지 않다면 무엇이나 아무 때나 일체종지가 될 것이기 때문이다. 어느 것에도 의존함이 없이 생겨난다면 어떤 것도 장애가 되지 않는데 어찌하여 모든 것이 일체종지가 되지 않는가?

그러므로 몇 몇 소수에게 드물게 생길 뿐인 모든 것은 오직 원인과 조건에 의존할 뿐이다. 일체종지 또한 몇 몇 소수에게 드물게 생기는 것이므로 항상 생겨나는 것도 아니요, 모든 곳에서 생겨나는 것도 아니요, 모두에게 생겨나는 것도 아니며 반드시 원인과 조건에 의지하는 것이다.

원인과 조건들 중에서도 오류나 결함이 없는 것들에 의지해야만 한다. 잘못된 원인에 열중하면 아무리 오랜 시간이 걸려도 원하는 결과를 얻을 수 없으니, 비유하면 뿔에서 젖을 짜는 것과 같다. 원인을 모두 갖추지 않아도 또한 결과를 얻을 수 없으니, 씨앗 등의 결여된 것이 있으면 싹 등의 결과가 생겨나지 않는 것과 같다. 그러므로 결과를 얻기를 원한다면 올바른 원인과 모든 조건들을 갖추어야 하는 것이다.

일체종지의 결과를 얻기 위한 원인과 조건들은 어떤 것인가 하면, 이르건대, 장님처럼 어두운 나와 같은 이가 그에 대해 설할 능력은 비록 없지만, 세존께서 완전한 깨달음을 이루신 후 제자들에게 설하신 그대로 세존의 말씀에 따라 설하고자 한다.

세존께서 다음과 같이 설하셨다.

비밀주여, 일체종지는 연민이라는 뿌리에서 생겨나고, 보리심이라는 원인으로부터 생겨나며, 방편에 의해 궁극에 이른다.

그러므로 일체종지를 성취하고자 하면, 연민과 보리심과 방편 이 세 가지를 배워야 한다.

연민을 일으키면 보살들은 일체중생을 구제하기 위해 반드시 서원을 세우게 된다. 이후, 자기 자신을 돌아봄을 버린 채 오랜 세월을 끊임없이 지극히 행하기 어려운 복덕자량과 지혜자량의 수행에 들어간다. 그렇게 해서 반드시 복덕자량과 지혜자량을 완전히 갖추도록 하며, 자량들이 완전히 갖추어지면 일체종지는 손 안에 얻은 것과 같다. 이와 같이 일체종지의 뿌리는 오직 연민뿐이므로 반드시 먼저 수습해야만 한다.

법집경(法集經)에도 다음과 같이 설하셨다.

세존이시여, 보살은 너무 많은 법을 배우지 않습니다. 세존이시여, 보살이 한 가지 법을 잘 간직하고 깨우치면 부처님의 모든 법이 그의 손바닥 안에 있습니다. 그 한 가지 법이 무엇인가 하면 바로, 큰 연민(大悲)입니다.

큰 연민을 완전히 갖추셨으므로, 모든 부처님들은 자신의 이익을 모두 이루셨음에도 불구하고 중생계가 다할 때까지 머물며, 성문(聲聞)들과 같이 열반의 지극한 적정처에 들어가지 않으시니, 중생들을 바라보고 열반의 적정처를 불타는 철옥처럼 멀리 뿌리치는 세존들의 무주(머무름 없는)열반의 원인도 바로 큰 연민인 것이다.

이에, 연민을 수습하는 단계를 처음 시작에서부터 설명하고자 한다.

먼저, 평등심을 수습하여 모든 중생들에 대해 애착과 미움을 버리고 평등심을 이루도록 한다.

'모든 중생이 행복을 원하고 괴로움을 원치 않는다. 무시이래로 윤회하며 어떤 중생도 수백 번을 나의 가족이 되지 않았던 이가 아무도 없다.'고 생각하고, '이에 어떤 차별이 있어서 누구는 미워하고 누구에게는 애착하겠는가? 그러므로 내가 일체중생에게 평등한 마음을 가지리라.'고 마음먹은 후 중간 부류에서부터 시작해 친한 이들과 적들에게까지 평등심을 수습한다.

이와 같이 일체중생에 대한 평등심을 이룬 다음 자애심을 수습한다.

자애의 물로써 마음의 흐름을 적시어 비옥한 대지처럼 만들고서 연민의 씨앗을 심으면 수월하게 아주 잘 자라게 된다. 그러므로 마음의 흐름을 자애로써 다스리고 나서 연민을 수습하도록 한다.

연민이란 괴로운 일체중생이 괴로움에서 벗어나길 바라는 것이다.

삼계의 모든 중생은 세 가지 고(苦) 중의 어느 것으로 제 각각 극심한 고를 겪고 있으니, 그러므로 일체중생들을 위해 연민을 수습한다.

세존께서 다음과 같이 설하셨다.

> 지옥의 중생들은 끊임없이 오랜 세월을 뜨거움 등의 갖가지 고(苦)의 바다에 빠져 있다.

또 다음과 같이 설하셨다.

> 아귀들 또한 참으로 견디기 어려운 배고픔과 갈증의 고(苦)로 마른 심신에 극심한 고(苦)를 겪느니라.

짐승들 또한 서로 잡아먹고, 싸우고, 죽이고, 해치는 등의 갖가지 많은 고를 겪을 뿐이다.

인간들 또한 원하는 것을 얻지 못해 서로 증오하고 해치며, 좋은 것과 헤어지고, 싫은 것과 만나고, 빈곤 등의 무한한 고를 겪는다. 어떤 이들은 탐착 따위의 번뇌들로 인해 마음이 속박되고, 어떤 이들은 갖가지 나쁜 견해들이 치성하는 바, 그것들 모두가 역시 고의 원인이므로 벼랑에 몰린 것과 같이 지극한 괴로움뿐이다.

천신들도 역시 괴고(壞苦)[36]에 의해 고통 받는 이들이다. 욕계의 천신들은 항시 죽음과, 열악한 세계로 떨어지는 등의 두려움으로 인한 번뇌로 마음이 괴로우니 어찌 편안할 수 있겠는가.

행고(行苦)란, 업과 번뇌를 원인으로 하여 그에 종속당하는 성질이며, 매 순간마다 멸하는 성질이니, 일체 육도중생에게 편재하고 있는 것이다. 그러므로 일체중생을 고(苦)의 불 속에 머무는 것으로 보고, 나 자신이 고(苦)를 원하지 않는 것처럼 다른 모든 이들 또한 마찬가지라고 생각하여, '아, 슬프도다, 나의 사랑하는 중생들이 고(苦)에 빠져 있나니, 그 고(苦)로부터 어떻게 구제해야 할까?'라고, 자기 자신이 괴로운 것과 같이 하고, 그로부터 벗어나고자 하는 욕구인 연민에 의해 삼매에 머물거나 일체 행위에서나 언제나 일체중생을 위해 수습하도록 할 것이니, 먼저, 친한 이들의 부류로부터 앞서 말한 바와 같은 갖가지 고(苦)를 겪는 것으로 보고 연민을 수습하도록 한다.

그러고 나서, 중생들의 평등성으로써 차별 없음을 보고, '일체중생이 모두 나의 가족이다.'라고 사유하며 중간 부류를 대상으로 연민을 수습한다.

그리하여 그들에 대해서도 친한 이들을 대상으로 한 것과 다름없는 연민이 일어나면 이제 모든 곳의 일체중생을 대상으로 연민을 수습하도록 한다.

어느 때, 애지중지하는 어린 자식이 고통 받고 있는 것을 보는 어

---

36) 괴고 : 일시적으로는 행복이지만 그것이 변해서 결국 괴로움이 되므로 무너지는 고 즉, 괴고라 한다.

머니처럼, 자기 자신이 중생들을 고(苦)로부터 구해내고자 하는 열망이 저절로 일어나고, 그러한 연민이 일체중생을 대상으로 아무런 차별이 없을 때 바로 연민이 완성된 것이며, '큰 연민'이라는 이름 또한 얻게 된다.

자애의 수습도 마찬가지로 먼저 친한 이들을 대상으로 해서 그들이 행복해지기를 원하는 마음가짐을 보통 사람들과 적들에게까지 차례로 수습하도록 한다.

이와 같이 자애와 연민을 익히면 점차 모든 중생을 구제하고자 하는 욕구가 애씀 없이 저절로 일어나는 성품으로 변하게 된다.

이렇게 뿌리인 연민을 익힌 후에 보리심을 수습하도록 한다.


보리심에는 세속보리심과 승의보리심이라는 두 가지가 있다.

세속보리심은, 자비심으로 일체중생을 구제하고자 서원하여 '중생들을 이롭게 하기 위해서 성불하겠노라.'라고, 위없는 완전한 깨달음을 희구하는 마음을 처음으로 일으키는 것이다.

이는 또한 계율품에서 설한 의식처럼 보살계를 수지한 스승에게서 발심하도록 한다.

그와 같이 세속보리심을 일으킨 이후, 승의보리심을 일으키기 위해 정진해야 한다.

승의보리심은 세간을 초월하며, 일체 희론을 여의고, 지극히 밝고, 승의의 대상이며, 무구(無垢), 부동(不動)하여 바람 없는 곳의 등불처럼 흔들림이 없다.

그것은 항상 성실하게 오래도록 지(止)와 관(觀)의 수행을 익힘으로써 이루어지는 것이다.

해심밀경(解心密經)에 다음과 같이 설하셨다.

미륵이여, 일체 성문, 보살, 여래의 선법(善法)은 세간이건 출세간이건 그 모두 지와 관의 결과임을 알아야 한다.

지관의 두 가지에 모든 삼매가 포함되므로 모든 수행자는 언제나 반드시 지와 관을 의지해야 한다.

이 또한 해심밀경에서 다음과 같이 설하셨다.

세존께서 설하시길,

"내가 성문들과 보살들과 여래들의 갖가지 여러 삼매들을 설한 그 모두가 지와 관에 포섭됨을 알아야 한다."

지(止) 하나 만을 익혀서는 장애를 뿌리 뽑을 수 없고, 일시적으로 번뇌들을 억누르는 것에 그칠 뿐이다. 왜냐하면 지혜의 빛이 없이는 잠복된 장애들까지 완전히 파괴할 수가 없기 때문이다. 그러므로 해심밀경에서 다음과 같이 설하셨다.

선정으로 번뇌의 활동을 제압하며, 지혜로써 잠복된 장애들을 완전히 섬멸한다.

삼마지왕경에서도 다음과 같이 설하셨다.

비록 삼매를 닦아도 생각을 영구히 멸하지는 못하나니, 번뇌는 다시
치성하리라. 우드라까[37]가 선정을 닦은 것처럼. 만일 법무아를 세세히
분별하고 세세히 따져서 수습하면 그것이 열반을 성취하는 인(因)이
되며, 그 밖의 어떤 인(因)으로도 적멸을 얻지 못한다.

보살장경(菩薩藏經)에서도 다음과 같이 설하셨다.

대승경전의 여러 법을 듣지 못하고 성스러운 율장의 가르침을 듣지
못한 채 삼매만으로 족하다고 여기는 자는 아만에 의해 증상만[38]에
떨어지고, 생로병사와 고뇌와 비탄과 괴로움과 불안과 착란으로부터
완전히 벗어날 수 없다. 육도윤회로부터 완전히 벗어날 수 없고, 고온
(苦蘊)으로부터도 완전히 벗어날 수 없나니, 그들을 위해 여래께서 이
와 같이, '타인을 수순하여 법을 듣는 이는 늙고 죽음으로부터 벗어나
게 된다.'고 설하셨다.

---

37) '우드라까'라는 이름의 외도의 한 스승이 선정에 오랫동안 들어 있었는데, 그동안에
   쥐가 머리카락 속에 집을 짓고 있었다고 한다. 그가 선정에서 깨어나 그것을 보고는
   몹시 화를 냈다는 이야기다.
38) 증상만 : 자신이 성취하지 못한 경지를 성취했다고 착각하는 아만.

그러므로 모든 장애를 멸하고 원만청정지혜를 이루고자 한다면, 지(止)에 머물러서 지혜를 수습해야만 한다.

보적경(寶積經)에 다음과 같이 설하셨다.

> 계율에 머물러서 삼매를 얻고, 삼매를 이루고서 또한 지혜를 수습한다. 지혜에 의해 청정지(淸淨智)를 성취하고, 청정지에 의해 계율을 완성한다.

수신대승경(修信大乘經)에서도 다음과 같이 설하셨다.

> 선남자여, 지혜를 가까이 하지 않으면, 보살들의 대승에 대한 신심이 대승에 그만큼 생길 수 없으리라. 선남자여, 이 여러 가지 법문들에 의해서 이와 같이 보살들의 대승에 대한 신심이 대승에 생겨난 일체가 산란 없는 마음으로 사리(事理)와 법을 여실히 사유함으로써 생겨난 것임을 알아야 한다.

지를 여읜 관만으로는 수행자의 마음이 대상들로 흩어져서, 바람 앞의 등불과 같이 안정되지 못하게 된다. 그러면 지혜의 빛을 지극히 밝게 할 수 없으니, 그러므로 두 가지를 다 같이 의지해야만 한다. 그러므로 대열반경(大涅槃經)에서도 다음과 같이 설하셨다.

성문들이 여래의 종성을 볼 수 없는 것은 삼매의 힘이 강하고 지혜의 힘이 부족하기 때문이다. 보살들은 비록 볼 수는 있지만 선명하지 않으니, 지혜의 힘이 강하고 삼매의 힘이 약하기 때문이다. 여래는 모든 것을 보나니, 지와 관을 평등하게 갖추었기 때문이다.

지의 힘은 마치 등불이 바람에 흔들리지 않는 것과 같이, 분별의 바람들이 마음을 흔들지 못하게 한다. 관은 악견의 모든 더러움을 제거해서 다른 것들로 오염되지 않게 하니, 월등경(月燈經)에서 다음과 같이 설하신 바와 같다.

지의 힘으로 산란이 없어지고, 관에 의해 산과 같이 된다.

그러므로 두 가지 모두를 수행해야 한다.

이에 먼저, 수행자가 수월하고 신속하게 지와 관을 성취하기 위해서는 지와 관의 자량에 의지해야 한다.

지의 자량이란 무엇인가 하면, 적절한 처소에 머물고, 소욕지족하며, 잡사를 버리고, 계율을 청정히 하며, 탐욕 따위의 망상을 모두 버리는 것이다.

적절한 처소란 다섯 가지 장점을 갖춘 곳을 가리킨다. 의복과 식량 등의 조달에 어려움이 없고, 거칠고 악한 무리나 적 등이 없어 평온하고, 질병이 없는 좋은 터에, 계율이 청정하고 견해가 상통하는 좋은 도반이 있고, 낮에는 사람들이 많이 다니지 않고 밤에는 소리가 적은 이러한 조건들을 갖춘 곳이다.

소욕이란 무엇인가 하면, 의복 따위의 좋고 많음에 크게 탐착하지 않는 것이다.

지족이란 무엇인가 하면, 의복 따위에 있어 간소하게 그저 얻은 것만으로 항상 만족하는 것이다.

잡사를 버림이란 무엇인가 하면, 사고파는 등의 속된 행위를 버리고, 재가자나 출가자 누구든지 너무 가까이 사귀지 않으며, 약을 짓거나 점성 등의 행위를 완전히 버리는 것이다.

계율을 청정히 함이란 무엇인가 하면, 두 가지 율의[39] 모두에 있어서 성죄(性罪)[40]를 포함한 학처의 기본을 범하지 않고, 조심하지 못해 혹 범하더라도 즉시 뉘우쳐서 여법하게 하고, 성문의 율의에서 범할 경우 회복할 수 없다고 설하신 바라이죄 또한 후회의 마음과 이후 다시는 범하지 않겠다는 마음을 갖추고, 어떤 마음으로 업을 지었더라도 그 마음에는 자성이 없음을 분별하여 이해하고, 일체법에 자성이 없음을 숙지함으로써 율의가 전적으로 청정해짐을 말하는 것이다. 이는 아사세참회대승경을 통해서 깊이 이해하도록 한다. 그리하여 후회를 없애고서 수습에 정진해야 한다.

탐욕 따위들 또한 이생과 후생에 여러 가지 수많은 해악을 불러

---

39) 두 가지 율의 : 별해탈계와 보살계.
40) 성죄 : 살생, 도둑질, 사음, 망어 등 본질적으로 죄가 되는 행위.

일으키는 것임을 사유해서 그것들에 대한 망상을 버리도록 한다.

윤회계 속의 일들은 좋아 보이거나 나빠 보이거나 그 모두가 결국 사라져 버리는 덧없는 것일 뿐이니, '의심할 바 없이 오래지 않아 반드시 결별해야만 하는 이 모든 것들에 내가 어찌 탐착을 가질 수 있겠는가?'라고 수습하여 일체 망상들을 버리도록 한다.

관의 자량이란 무엇인가 하면, 성현들을 의지하고, 다문(多聞)을 널리 구하고, 올바르게 사유함이다.

어떠한 성현을 의지해야 하는가 하면, 다문하고, 말씀이 분명하며, 자비를 갖추고, 싫증과 피곤을 잘 감내하는 분이다.

다문을 널리 구함이란 무엇인가 하면, 세존의 12분교[41]의 요의와 불요의의 뜻을 귀중히 여기는 마음으로 경청하는 것이니, 해심밀경에서 다음과 같이 설하신 바와 같다.

성인의 말씀을 충분히 듣지 않는 것은 관의 장애이다.

해심밀경에서 또 다음과 같이 설하셨다.

관은 들음과 사유로부터 생긴 청정한 견해의 인(因)으로부터 생겨난다.

---

41) 12분교 : 부처님의 교설을 그 성격과 형식에 따라 12가지로 분류한 것.

나라연청문경(那羅延請問經)에서도 다음과 같이 설하셨다.

다문을 갖춘 이에게 지혜가 생겨난다. 지혜를 갖춘 이는 번뇌를 완전
히 멸할 수 있다.

올바르게 사유함이란 무엇인가 하면, 요의와 불요의의 경장(經
藏) 등을 올바르게 확립하는 것이니, 그리하여 보살들이 의심 없이
수습에 일념으로 정진하게 되는 것이다. 그렇지 않고 의심을 마음
에 남겨둔 이는 갈림길에 맞닥뜨린 사람과 같이 어느 쪽으로도 한
가지로 확정하지 못하게 된다.

수행자는 항시 어육 등을 멀리하고, 맞는 음식을 적당히 섭취해
야 한다.

이와 같이 보살들이 지와 관의 자량을 모두 갖추고서 수습에 들
어가도록 한다.

수행자가 수습에 들어갈 때는 먼저 해야 할 일을 다 마치고, 대소
변을 본 이후에, 소음이 없는 편안한 곳에 앉아 '내가 일체중생을
깨달음의 정수로 인도하리라.'라고 생각하고, 모든 육도중생을 구
제하겠다는 생각으로 큰 연민을 일으킨 이후, 시방의 모든 부처님
과 보살님들께 오체투지로 예경하고, 불보살님들의 존상이나 탱화
등이 앞에 있거나 또는 다른 방법으로라도 불보살님들께 정성껏
헌공, 예찬하고, 죄업을 참회하고, 일체중생의 선업과 공덕에 수희

(따라 기뻐함)하도록 한다.

그리고 나서, 부드럽고 편안한 방석 위에 비로자나 좌법 또는 반가부좌로 앉아, 눈은 너무 크게 뜨지도 감지도 말고 시선을 코끝에 두며, 몸은 너무 구부리지도 너무 펴지도 말고 반듯이 세우며, 의념을 안으로 거두어 머물도록 한다. 양 어깨는 나란히 하고, 머리는 쳐들거나 숙이거나 한 쪽으로 기울지 않게 두어 코에서 배꼽까지 일직선이 되게 한다. 이빨과 입술도 자연스럽게 두고, 혀는 윗니 뒤에 가볍게 붙인다. 호흡은 소리가 나거나 거칠게 하지 말고, 전혀 느끼지 못할 정도로 천천히 자연스럽게 들이마시고 내쉬도록 한다.

이에, 먼저 지(止)를 수행하도록 함에, 외부대상으로 흩어지는 산란함을 가라앉히고, 안으로 마음이 집중할 대상에 지속적, 자발적으로 들어가며, 희열과 경안을 갖춘 마음에 머무는 것을 지라 한다.

지가 진여를 대상으로 할 때, 진여에 대해 고찰하는 것이 관이니, 불설제개장보살소문경(佛說除蓋障菩薩所問經)에서 다음과 같이 설하신 바와 같다.

지는 일념 집중이며, 관은 여실히 분별하는 것이다.

해심밀경에서도 다음과 같이 설하셨다.

"세존이시여, 어떻게 지를 온전히 추구하며, 관에 통달합니까?" 답하시되, "미륵이여, 내가 법을 설시하고 안립한 즉, 계경, 응송, 기별, 풍송, 자설, 인연, 비유, 본사, 본생, 방광, 희법(미증유법), 논의 등의 12분교를 보살들에게 설한 바, 이것들을 보살들은 잘 듣고 수지하고 암송하며 마음으로 잘 분별하고 보아서 깊이 이해한 뒤 홀로 고요한 곳에 머물며 안으로 잘 간직하고, 그렇게 잘 사유한 법들을 작의하고, 작의한 그 마음을 안으로 지속적으로 작의하고 또 작의한다. 그와 같이 행하고 그렇게 자주 머물러서 몸의 경안과 마음의 경안이 생겨나면 그것을 지라고 하며, 그와 같이 하면 보살이 지를 온전히 추구한 것이니라. 몸의 경안과 마음의 경안을 성취하고 그에 머물며 마음의 산란을 끊고, 사유해온 법들을 삼매의 감수대상인 영상이라고 분별, 신해(信解)한다. 그와 같이 삼매의 감수대상인 영상들을 대상으로 소지의(所知義:실상)를 분석하고 깊이 분석하고 완전히 분별하고 완전히 검토하고 감내하고 받아들이고 구별하고 통찰하고 식별하는 이 모든 것들을 관이라 하나니, 그와 같이 하면 보살이 관에 통달한 것이니라."

이에, 지를 성취하고자 하는 수행자는 먼저, '계경과 응송 등의 십이분교 모두가 진여로 향하고, 진여에 귀결돼 있고, 진여에 귀결된다.'라고 일체를 포섭해서 그것에 마음을 둔다. 한 가지 형상으로 일체법을 포섭할 수 있는 온(縕) 등에 마음을 둔다. 한 가지 형상으로, 보고 들은 대로의 부처님의 존상에 마음을 두도록 할지니, 삼마지왕경에 다음과 같이 설하신 바와 같다.

황금빛과 같은 몸으로 완전히 장엄한 세간의 보호자, 그를 대상으로
마음이 향한 보살을 선정에 들었다고 한다.

그와 같이 원하는 대상에 마음을 두고 반복적, 지속적으로 마음
을 머무르도록 한다. 그렇게 안주한 이후엔, 대상을 잘 붙들고 있
는지, 또는 혼침한지, 또는 외부 대상에 이끌려 산란한지 점검해야
한다.

만약, 혼미함이나 잠에 눌려서 마음이 혼침하거나 혼침한 것으로
의심이 갈 때는 최상의 환희처인 부처님의 존상 등이나 밝은 빛을
관상한다. 그렇게 해서 혼침을 제거한 이후, 마음이 붙들고 있는
대상을 지극히 또렷하게 보이게끔 한다.

어느 때, 장님이나 어둠속을 가는 사람, 또는 눈을 감은 것과 같
이 마음이 대상을 또렷하게 보지 못하고 있을 때엔 혼침하고 있는
것으로 알아야 한다.

어느 때 외부의 형상 따위에 그것들의 특성을 분별하는 데 내달
리거나 다른 것을 상기하거나 과거에 경험했던 대상에 이끌려 마
음이 들뜨거나 들뜬 것으로 의심이 갈 때는 제행무상이나 고(苦) 등
의, 염리심을 일으키는 대상을 사유하도록 한다. 그렇게 해서 산란
을 제거한 이후, 억념과 살핌의 밧줄로 마음의 코끼리를 소연(所緣:
인식의 대상)이라는 기둥에 묶어 놓는다.

어느 때, 혼침과 들뜸이 사라져서 대상에 마음이 수월하게 머물
게 되면 애쓰는 힘을 놓아서 적당히 하고, 그때 원하는 만큼 머물도

록 한다.

　그와 같이 지를 수습하여 몸과 마음의 경안이 생기고, 원하는 만큼 마음이 대상에 머무는 것이 자유롭게 될 때 지를 성취한 것으로 알아야 한다.

　지를 성취한 이후엔 관을 수습하도록 할지니, 다음과 같이 사유한다.

　"세존의 일체 교설은 뛰어난 가르침이니, 직간접적으로 진여를 또렷이 밝히고, 진여로 인도한다. 진여를 알면 빛이 어둠을 몰아내듯 모든 악견의 그물로부터 벗어나게 된다. 지(止)만으로는 지혜가 청정해질 수 없고 장애의 어둠 또한 제거할 수 없다. 지혜로써 진여를 잘 수습하면 지혜가 청정해지며, 지혜로써만이 진여를 깨달을 수 있다. 지혜만이 장애를 완전히 제거할 수 있으니, 그러므로 나는 지에 머무르며 지혜로써 진여를 완전히 추구할 것이요, 단지 지만으로 만족하지는 않겠다."

　진여란 무엇인가 하면, 승의에 있어서 모든 것에 개아와 법의 자성이 공(空)함이다. 이 또한 지혜바라밀에 의해서 깨닫는 것이요, 다른 것에 의해서가 아니니, 해심밀경에 다음과 같이 설하신 바와 같다.

　"세존이시여, 보살이 법의 무자성성(無自性性)을 어떤 바라밀에 의해서 파악합니까?" "관자재여, 지혜바라밀에 의해서 파악하느니라."

그러므로 지에 머물러 지혜를 수습해야만 한다.

이에, 수행자가 다음과 같이 고찰하도록 한다.

"개아는 온(蘊), 계(界), 처(處)를 떠나서 별도로 찾을 수가 없다. 개아는 온 등과 동일한 것 역시 아니니, 온 등은 무상(無常)하고 다수의 성질인 반면 개아는 항상하고 단일한 성질로 사람들이 간주하는 것이기 때문이다. 진여에서든지 또는 달리 말로 표현할 수 없는 개아의 실체 또한 있을 수 없다. 왜냐하면 그 실체가 있다는 별다른 상(相)이 없기 때문이다. 그러므로 세간에서 말하는 '나'와 '나의'라고 하는 것은 순전히 착각일 뿐이다."

법무아에 대해서도 다음과 같이 명상하도록 한다.

"법이라는 것은 간추리면, 오온, 십이처, 십팔계다. 이에, 온, 처, 계 등의 형상을 가진 모든 것들은 승의에 있어서 마음의 상(相)과 별도로는 존재하지 않는다. 그것들은 미세한 입자들로 나누어지고, 미세한 입자들 역시 부분들의 성질을 각각 따져보면 자성을 찾을 수가 없다. 그러므로 무시이래로부터 색(色) 등의 진실하지 않은 것들에 집착하여, 꿈속에서 여러 형상들이 나타나는 것처럼 범부들에게는 색 등이 마음과는 단절되어 바깥에 따로 존재하는 것처럼 나타나지만, 승의에 있어서는 색 등은 마음의 상으로부터 별도로 존재하는 것이 아니다."

이와 같이 삼계 또한 마음일 뿐이라고 사유하고, 이와 같이 고찰한 모든 법이 오직 마음임을 알고서, '그러므로 마음의 자성을 고찰하면 일체법의 자성을 고찰한 것이다.'라고 마음의 자성을 고찰하기 시작한다. 이는 다음과 같이 한다.

"승의에 있어서는 마음 또한 진실이 아니다. 거짓된 성품인 색 등의 형상을 취하는 마음이 갖가지 형상으로 나타나는 그때, 그러한 마음이 어찌 진실이 될 수 있겠는가? 색 등이 거짓인 것과 같이 마음 또한 색 등과 별도로 존재하지 않으므로 거짓인 것이다. 색 등의 형상이 그러하매, 하나나 여럿의 자성이 아닌 것과 같이, 마음 또한 그와 별도로 존재하지 않으므로 하나나 여럿의 자성이 아니다. 그러므로 마음이란 환(幻) 따위의 성품과 같을 뿐이다. 마음이 그러한 것과 같이 일체법 또한 환 따위의 성품과 같을 뿐이다."

이와 같이 지혜로써 마음의 자성을 고찰하면 승의에 있어서 마음은 안에서도 찾을 수 없고 밖에서도 찾을 수 없고 안팎을 떠나서도 찾을 수 없고 과거의 마음도 찾을 수 없고 미래의 마음도 찾을 수 없고 현재의 마음 또한 찾을 수 없다. 마음이 생겨날 때 또한 어디에서 오는 것이 아니고 사라질 때 또한 어디로 가는 것이 아니며 마음은 붙들 수 없고 확고하지 않고 형상이 없는 것이다. 확고하지 않고 붙들 수 없으며 형상 없는 모든 것의 성품은 어떠한가 하면, 보적경에서 다음과 같이 설하셨다.

"가섭이여, 마음은 완전히 찾아보아도 발견할 수가 없다. 발견할 수 없는 것은 소연할 수 없다. 소연할 수 없는 것은 과거도 아니고, 미래도 아니고, 현재도 아니다."

이와 같이 고찰하면 마음의 시작도 진실로 보지 않고 마음의 끝도 진실로 보지 않고 중간 또한 진실로 보지 않는다. 마음에 시작과 끝과 중간이 없는 것처럼 일체법 또한 시작과 끝과 중간이 없음을 통달한다. 이와 같이 마음에 시작과 끝과 중간이 없음을 통달한 이후엔 마음의 자성을 전혀 보지 않으며, 마음이 분별한 것 또한 공함을 지각한다. 그러한 지각으로써 마음에 의해 형상을 이루는 성품인 색 등의 자성 역시 진실이라고 보지 않는다. 이와 같이 지혜로써 일체법의 자성을 진실이라고 보지 않으므로 색이 항상하다거나 무상하다거나 공하다거나 공하지 않다거나 유루라거나 무루라거나 생긴 것이라거나 생기지 않은 것이라거나 있다거나 없다는 등의 분별을 하지 않는다. 색에 대해 분별하지 않는 것과 같이 수(受), 상(想), 행(行), 식(識) 등에 대해서도 분별하지 않는다. 한 가지 법이 성립하지 않으면 그에 속한 법들 역시 성립하지 않거늘 어찌 분별을 하겠는가? 이와 같이 지혜로써 자세히 따져서 수행자가 어떤 사물의 자성도 실재로 받아들이지 않는 그때 무분별삼매에 들어가며, 일체법의 무자성성 또한 깨닫는다.

지혜로써 사물의 자성을 고찰하여 수습하지 않고 작의를 완전히 버리는 것만으로써 수습하는 것은 분별을 결코 없앨 수 없으며 무자성성 또한 깨달을 수가 없으니, 지혜의 빛이 없는 까닭이다. 이를 세존께서 다음과 같이 설하셨다.

바른 분별로부터 바른 앎의 불이 생겨나면, 나무를 비벼서 불이 생겨나는 것과 같이 분별의 나무를 태운다[42]

불설재개장보살소문경에서도 다음과 같이 설하셨다.

이와 같이 허물을 잘 알아서 일체 희론을 여의기 위해 공성을 명상하는 수행을 한다. 공성을 많이 명상하면, 마음을 빼앗거나 애착하게 하는 어느 대상에 대해서나 그 대상과 그것의 자성을 완전히 규명하면 공하다는 것을 안다. 마음 역시 고찰하면 공하다는 것을 안다. 안다는 그 마음 또한 본성을 규명하면 공함을 알아서 그와 같은 앎에 의해 무상(無相)요가에 들어간다.

이것은 분별의 선행(先行)으로써 무상(無相)의 상태에 들어감을 보여주며, 단지 작의를 버림이나, 지혜로써 존재들의 본성을 고찰하지 않고서 무분별의 상태에 들어간다는 것은 불가능함을 지극히 분명하게 보여주는 것이다.

이와 같이 수행자가 지혜로써 색 등의 존재의 본성을 올바르게 고찰하고 나서 선정을 닦는 것이지 색 등에 머물러서 선정을 닦는 것이 아니며, 이 세상과 저 세상의 사이에 머물러서 선정을 닦는 것이 아니니, 색 등의 것들은 소연할 수 없는 까닭이다. 그러므로 무

---

42) 분별을 통해서 어떻게 무분별삼매에 이르게 되는가 하는 의심에 대해 비유로써 답한 것이다.

주(머무르지 않는) 선정자라 한다.

지혜로써 모든 존재의 본성을 분별하여 무소연(공성)의 선정을 닦으므로 최상의 지혜의 선정자라 하니, 허공장보살소문경과 보적경에서 설하신 바와 같다.

이와 같이, 개아와 법의 무아의 진여에 머물면 완전히 고찰해야 할 대상과 보이는 것이 다름이 없어 분별과 고찰을 여의고, 불가설과 하나가 된 작의가 저절로 이루어지며, 의도적인 애씀이 없으므로 진여를 지극히 선명하게 명상하고 안주하게 된다.

여기에 머물러 마음의 흐름이 산란되지 않도록 한다.

도중에 탐착 따위에 의해 마음이 밖으로 산란하게 되면, 산란을 느끼는 즉시 신속히 부정관[43]을 수습하는 등으로 산란을 가라앉히고 재빨리 마음을 진여에 되돌려 머물도록 한다.

어느 때 마음에 싫증이 나는 것을 보면 삼매의 공덕을 떠올림으로써 환희심을 수습하고, 또한 산란한 마음의 허물을 떠올림으로써 싫증을 완전히 가라앉힌다.


만약 혼침에 눌려 의식의 흐름이 불분명하고 마음이 침몰하거나 침몰한 것으로 의심이 가면 앞서와 같이 최상의 환희의 대상을 사유해서 재빨리 혼침을 몰아내고 다시 소연인 진여를 단단히 붙들도록 한다.

---

43) 부정관 : 육신의 더러움 등을 떠올리는 관법.

만약 어느 때, 웃고 즐기던 기억이 떠올라 도중에 마음이 들뜨거나 들뜸으로 의심이 가면 앞서와 같이 무상 등의 염리심을 일으키는 대상을 사유해서 산란을 그치고 다시 의도적인 애씀 없이 마음을 진여에 머물도록 한다.

만약 어느 때, 혼침과 들뜸이 사라지고 고르고 일정하게 진여에 마음이 저절로 집중되면 애쓰는 힘을 놓아 적당히 한다. 만약 마음이 고르고 일정하게 되는 때에 애씀이 있으면 마음이 도리어 산란하게 되며, 마음이 혼침할 때 애씀이 없으면 지극히 혼침하게 되어 관(觀)을 상실하고 마음은 장님처럼 된다. 그러므로 마음이 혼침할 땐 애를 쓰고, 고르고 일정해지면 애쓰지 않는다.

어느 때, 관의 수습에 의해 지혜가 지나치게 강성해지면 지(止)가 약해져서 바람 앞의 등불처럼 마음이 요동하여 진여를 지극히 선명하게 볼 수가 없게 되므로 그 때엔 지를 수습하고, 반대로 지가 지나치게 강성할 땐 지혜를 수습하도록 한다.

어느 때, 지관의 두 가지가 고르게 함께 이루어지면 몸과 마음에 불편함이 없을 때까지 작의적인 애씀 없이 머물도록 한다.

몸이나 마음이 불편해지면 그때엔 잠시 일체 세간이 환(幻)과 같고 신기루와 같고 꿈과 같고 물에 비친 달과 같고 착시와 같다고 사유하고 '중생들은 심오한 법을 알지 못해 윤회하며 번뇌 속에 있으니 내가 어떻게 해서든지 중생들로 하여금 심오한 법을 깨닫도록 하리라.'라고 사유하여 큰 연민과 보리심을 일으킨다.

그런 다음 고단함을 해소하고서 다시 그와 같이 '일체법이 나타나지 않는 삼매'에 들도록 하며, 또 다시 마음에 극도로 싫증이 일어나면 앞서와 같은 방법으로 휴식을 취한다.

이것이 지관쌍수의 길이니, 유분별상(有分別相)과 무분별상(無分別相)을 대상으로 한다.

수행자가 이러한 단계들로 한 시간이나 반좌시(半坐時) 또는 일좌시(一坐時), 또는 원하는 만큼 진여를 수습하며 머물도록 한다.

이것이 의분별정(義分別定)[44]이니, 능가경에서 설한 바이다.

그리고 나서 원한다면 삼매에서 나와 가부좌를 풀지 않은 채로 다음과 같이 생각한다.

"일체법이 승의에 있어서는 자성이 없지만, 세속적 차원에서는 분명히 존재하는 것이다. 그렇지 않다면 업과 과보의 연계 따위들이 어떻게 엄연히 존재할 수 있겠는가? 세존께서도 '사물들은 속제에 있어서는 생(生)하지만, 승의에 있어서는 자성이 없다.'고 하셨다. 어리석은 중생들은 자성이 없는 존재들에 자성이 있다고 허위로 덧붙여서 마음이 전도되어 오래도록 윤회하며 떠돌고 있으니 내가 어떻게 해서든지 위없는 복덕자량과 지혜자량을 모두 구족하여 일체종지를 성취하고 중생들이 법성을 깨닫도록 인도하리라."

이와 같이 생각한 뒤 천천히 가부좌를 풀고 시방에 계신 불보살님들께 예배하고 공양 올리고 예찬한 이후 보현행원 등의 광대한 서원을 한다.

---

44) 의분별정 : 색온을 거품덩어리처럼, 수온을 물거품처럼, 상온을 신기루처럼, 행온을 파초처럼, 식온을 환(幻)처럼 보는 선정

그런 다음 공성과 큰 연민을 바탕으로 한 보시 등에 의해 일체 복덕자량과 지혜자량을 쌓는데 정진하도록 한다.

이와 같이 하면 이 선정은 온갖 종류의 모든 수승함을 갖춘 공성을 증득한 것이니, 이를 보계경(寶髻經)에서 다음과 같이 자세히 설하셨다.

자애의 갑옷을 입고 큰 연민의 자리에 머물며 온갖 종류의 모든 수승함을 갖춘 공성을 증득하기 위한 선정을 행한다. 온갖 종류의 수승함을 갖춘 공성이란 무엇인가 하면, 보시를 여의지 않고, 계율을 여의지 않고, 인욕을 여의지 않고, 정진을 여의지 않고, 선정을 여의지 않고, 지혜를 여의지 않고, 방편을 여의지 않음이다.

보살은 일체중생을 성숙시키고, 불국토와 부처의 몸과 수많은 권속 등을 구족하게 하는 방편인 보시 등의 선업에 반드시 의지해야만 한다. 그렇지 않다면, 불국토 등의 원만한 성취의 결과는 무엇에 의해 이루어지겠는가? 그러므로 온갖 종류의 수승함을 갖춘 일체종지는 보시 등의 방편에 의해서 완성되는 것이니, 세존께서 "일체종지는 방편에 의해서 궁극에 이른다."고 설하신 것이다. 그러므로 보살은 보시 등의 방편 또한 수행해야 하며, 공성만을 수습해서는 안 된다.

집제법방광경(集諸法方廣經)에서도 다음과 같이 설하셨다.

"미륵이여, 보살들이 육바라밀을 올바르게 수행하는 것은 완전한 보리를 위함이거늘, 이에 어리석은 이들은 '보살은 오직 지혜바라밀만을 배울 일이지, 나머지 바라밀들은 무슨 필요가 있는가?'라고 말하며 다른 바라밀들에 대해 배척하는 생각을 낸다. 미륵이여, 이것을 어떻게 생각하는가? 내가 까시까의 국왕이었을 때, 비둘기를 위해 내 몸의 살을 매에게 주었는데, 그것은 어리석은 일이었는가?" 미륵이 답하길, "세존이시여, 그렇지 않습니다." 세존께서 말씀하시길, "미륵이여, 내가 보살행을 익혀 육바라밀을 갖춘 선근을 쌓은 바, 그러한 선근들이 내게 해악을 끼쳤는가?" 미륵이 답하길, "세존이시여, 그렇지 않습니다." 세존께서 말씀하시길, "미륵이여, 그대 또한 육십겁 동안 보시바라밀을 올바르게 수행하고, 육십겁 동안 지계바라밀을, 육십겁 동안 인욕바라밀을, 육십겁 동안 정진바라밀을, 육십겁 동안 선정바라밀을, 육십겁 동안 지혜바라밀을 올바르게 수행하였거늘, 이에 어리석은 자들은 '오직 한 가지 방법으로 보리를 이루나니, 그것은 바로 공성의 도리에 의해서이다.'라고 말하는 바, 그들의 수행은 완전히 청정해질 수 없느니라."

방편을 여의면 보살의 지혜만으로는 성문들과 같이 부처의 행을 할 수 없지만, 방편이 뒷받침되면 능히 행할 수 있게 되니, 보적경에서 다음과 같이 설하신 바와 같다.

가섭이여, 비유하면, 대신들이 뒷받침된 왕은 원하는 바를 모두 이룰

수 있는 것과 같이, 숙달된 방편에 의해 완전히 뒷받침된 보살의 지혜
또한 부처의 행적을 모두 행하느니라.

보살들의 도의 견해 역시 외도들이나 성문들과는 같지 않다. 외
도들의 견해는 자아 등에 대해서 전도되었기 때문에 전적으로 지
혜를 여읜 길이므로 그들은 해탈을 이룰 수가 없다.

성문들은 큰 연민을 여읨으로써 방편을 구족하지 못하였으므로
그들은 오직 자신의 열반을 성취하기 위해서만 애쓰게 된다.

보살들의 도는 지혜와 방편을 갖추었으므로 무주열반을 성취하
여 지혜의 힘에 의해서 윤회에도 떨어지지 않고, 방편의 힘에 의해
서 열반에도 떨어지지 않는 것이다. 그러므로 가야경에 다음과 같
이 설하셨다.

보살도를 요약하면 두 가지이니, 그 두 가지란 무엇인가 하면, 방편과
지혜이다.

상승초품(祥勝初品)에도 다음과 같이 설하셨다.

지혜바라밀은 어머니요, 선교(善巧)방편은 아버지다.

무구칭경(無垢稱經)에도 다음과 같이 자세히 설하셨다.

보살들의 속박은 무엇이며, 해탈은 무엇인가 하면, 방편을 여읜 채로 윤회중생을 대함이 보살의 속박이요, 방편을 갖추고서 윤회중생을 대함이 보살의 해탈이다. 지혜를 여읜 채로 윤회중생을 대함이 보살의 속박이요, 지혜를 갖추고서 윤회중생을 대함이 보살의 해탈이다. 방편을 여읜 지혜는 속박이요, 방편을 갖춘 지혜는 해탈이다. 지혜를 여읜 방편은 속박이요, 지혜를 갖춘 방편은 해탈이다.

보살이 지혜만을 의지하면 성문들이 추구하는 열반에 떨어져 속박된 것처럼 되어 무주열반에 의한 해탈을 이루지 못하게 된다. 그러므로 방편을 여읜 지혜는 보살의 속박이라 하신 것이다.

찬바람이 불면 불에 의지하듯이 보살들은 전도견의 바람을 막기 위해 방편을 갖춘 지혜로써 공성을 수습해야만 한다.

성문들과 같은 보리는 구하지 말지니, 십법경(十法經)에 다음과 같이 설하셨다.

선남자여, 비유하면 이와 같다. 어떤 사람이 불을 지극히 숭배해서 불을 공경하고 스승으로 삼고 받들더라도 불을 두 손으로 받들어야 한다고는 생각하지 않는다. 왜냐하면 그로 인해 심신의 고통이 생길 것을 알기 때문이다. 이와 같이 보살 또한 열반의 생각이 있지만 열반을 실현시키지는 않는다. 왜냐하면 그로 인해 자신이 대각으로부터 물러나게 된다고 생각하기 때문이다.

오직 방편에만 의지해도 보살이 범부의 경지를 넘지 못하므로 지극히 속박 당하게 될 뿐이다. 그러므로 지혜를 갖춘 방편에 의지해야 한다.

진언으로 정화한 독과 같이 보살들은 번뇌 또한 지혜로써 정화하는 힘을 수습하면 번뇌가 감로로 변하게 된다. 하물며 본성적으로 선취(善趣)⁴⁵⁾의 과보를 가져오는 보시 등에 대해서는 말해 무엇 하겠는가?

보적경에서 다음과 같이 설하셨다.

> 가섭이여, 비유하면 진언과 약에 의해 정화된 독으로는 죽일 수가 없다. 그와 같이 지혜에 의해 정화된 보살들의 번뇌 또한 타락시키지 못하느니라.

그러므로 보살은 방편의 힘으로써 윤회를 버리지 않는 까닭에 열반에도 떨어지지 않고, 지혜로써 일체 경계를 단멸한 까닭에 윤회에도 떨어지지 않으니, 그리하여 부처의 무주열반을 성취하게 된다.

허공장경(虛空藏經)에서도 다음과 같이 설하셨다.

> 지혜를 앎으로써 모든 번뇌를 버리며, 방편을 앎으로써 한 중생도 버리지 않는다.

---

45) 선취 : 선한 행위의 과보로 중생들이 태어나는 곳. 인간계와 천상.

해심밀경에서 또한 다음과 같이 설하셨다.

중생의 이익을 지극히 추구하지 않음과, 일체 행위의 실천을 지극히
추구하지 않음을 나는 위없는 완전한 보리라고 설하지 않는다.

그러므로 부처를 이루고자 하면 지혜와 방편 모두에 의지해야 하
는 것이다.

출세간의 지혜를 수습하는 때이거나 선정에 깊이 든 동안에는 보
시 등의 방편에 직접적으로 의지하진 않더라도, 그(출세간의 지혜와
선정)에 접근하는 때와 그 이후에 생겨나는 모든 지혜가 방편에 의
지하는 것이니, 그러므로 지혜와 방편 두 가지가 함께 가는 것이다.

또 달리 말하면 보살들이 지혜와 방편을 함께 닦는 길은 이와 같
다. 일체중생을 대상으로 한 큰 연민을 완전히 갖추고서 출세간도
를 수습하고, 선정에서 일어난 이후에는, 자신이 만들어낸 환영에
속지 않는 환술사와 마찬가지로 (일체법을 실재로 취하는) 전도됨 없
이 보시 등을 행하는 것이다.

무진혜경(無盡慧經)에서 다음과 같이 설하셨다.

보살의 방편이란 무엇이며, 지혜의 실현이란 무엇인가 하면, 입정(入
定) 전에는 중생들을 살펴서 큰 연민의 대상에 마음을 머무르게 함이
방편이요, 적정과 대적정에 입정함이 보살의 지혜이다.

항마품(降魔品)에서도 다음과 같이 자세히 설하셨다.

보살들의 올바른 가행이란, 지혜로써 정진만을 행하지도 않고 방편으로써 일체 선법(善法)을 포섭해서 가행하며, 지혜로써 내가 없음과 중생이 없음과 생명이 없음과 양육(養育)이 없음과 개아가 없음을 또한 가행하고, 방편으로써 일체중생을 성숙시키고자 가행하는 이 모든 것들이다.

법집경(法集經)에서도 다음과 같이 설하셨다.

비유하면 환술사가
환(幻)을 벗어나려 애쓸 때
그는 이전부터 알고 있기에
그 환에 집착이 없네.

삼계가 환과 같음을
완전한 보리에 통달한 이는 알고서
중생을 위해 (자비의) 갑옷을 입더라도
중생 또한 환과 같음을 이미 알고 있네.

보살들은 오직 지혜와 방편의 도리를 실천하고자 하므로 그의 행은 윤회 속에 머물며 생각은 열반에 머무는 것이라고 설하신 것이다.

이와 같이 공성과 큰 연민을 바탕으로 한 위없는 완전한 보리로 회향하는 보시 등의 방편을 익히도록 할 것이며, 승의의 보리심을 일으키기 위해서 앞서 설명한 바와 같이 항상 지와 관의 가행을 최대한 수습할 것이니, 소행청정경(所行淸淨經)에서 언제나 중생들을 위해 행하는 보살들의 공덕에 대해 설하신 바와 같이 정념으로 잘 간직하여 항상 방편에 숙달되도록 익혀야만 한다.

이와 같이 연민과 방편과 보리심을 익히면 금생에서 틀림없이 수승함을 얻게 된다. 꿈에서 항상 불보살을 친견하고, 그 외의 상서로운 꿈들도 꾸게 되며, 천신들도 환희하며 보호하고, 매 순간 순간마다 복덕과 지혜의 자량이 쌓이며, 번뇌의 장애를 정화하고, 악도에 태어나지 않으며, 항상 심신의 안락을 누리고, 많은 이들에게 사랑받으며, 몸에는 질병들이 침범하지 못하고, 마음의 수승한 능력 또한 얻게 되니, 그러면 신통 등의 특별한 공덕을 얻게 된다. 그리하여 신통력으로 무한한 세계를 다니며 불세존들께 헌공하고 가르침을 듣는다. 임종 시에는 어김없이 불보살님들을 친견하며, 다음 생에도 불보살을 여의지 않는 곳과 좋은 환경에 태어나게 되니, 그리하여 어려움 없이 복덕과 지혜의 자량을 구족하게 된다. 많은 재물과 권속들을 거느리게 되고, 지혜가 뛰어나 많은 이들을 성숙시킬 수 있고, 세세생생 전생들을 기억할 수 있게 되니, 이와 같이 무한한 이익이 있음을 여러 경전들을 통해서 이해하도록 한다.

수행자가 이와 같이 연민과 방편과 보리심을 항상 성실히 오랫동안 수습하면 점차 마음의 흐름이 지극히 청정해지는 순간이 나타나 완전히 성숙하게 된다. 마른 나무를 문질러 불을 일으키듯, 완성을 위한 수습이 궁극에 다다라 출세간의 지혜로써 모든 분별의 그물을 벗어나고, 희론을 여읜 법성을 지극히 선명하게 깨닫고, 청정무구하고 부동하여 바람 없는 곳에 놓인 등불처럼 흔들림 없는 올바른 지각을 얻어 일체법이 오직 무아의 본성임을 증득하는 견도의 승의보리심이 일어나게 된다. 승의보리심을 얻고서 존재의 궁극을 대상으로 향하는 것이니, 여래의 종성으로 태어남이요, 보살의 무결함에 들어가는 것이요, 세간의 모든 범부들을 초월하는 것이요, 보살의 법성과 법계에 대한 지각에 머무는 것이요, 보살의 초지(初地:첫 번째 단계)를 성취한 것이니, 이와 같은 이익에 대해 십지경(十地經) 등에서 자세히 보고 이해하도록 한다.

바로 이러한 진여를 소연한 선정을 능가경에서 설하셨으니, 바로 이것이 보살들이 희론을 여읜 무분별성에 들어가는 것이다. 신해행(信解行)의 단계[46]에서는 믿음과 이해의 힘에 의해 들어가는 것이지, 직관에 의해서는 아니다. 승의보리심을 얻어야만 직관에 의해서 들어가게 되는 것이니, 이와 같이 해서 초지에 들어가고, 이후 수도의 단계에서 출세간지(出世間智)와 후득지(後得智) 두 가지에 의해 지혜와 방편을 수습하여 점차 수도의 제거대상인 미세하고도 아주 미세한 장애들을 정화하기 위해서, 그리고 더 높은 단계들의 특별한 공덕을 성취하기 위해 아래 단계들을 완전히 통달하여 여래의 지혜에 이를 때까지 나아가 일체종지의 바다에 들어가고, 갖추어야 할 모든 것들을 이루고자 했던 목표 또한 성취하는 것이니, 이와 같이 오직 단계적으로써만 마음의 흐름은 완전히 정화되는 것이라고 능가경에서 설하셨다.

해심밀경에서도 다음과 같이 설하셨다.

점차 높은 단계들로 황금처럼 마음을 정화하여 위없는 완전한 보리에 이르기까지 성취하여 부처를 이룬다.

일체종지의 바다에 들어가면 여의주와 같이 일체중생을 살리는 수많은 공덕들을 갖추고, 이전에 세웠던 원력의 결실을 맺고, 큰 연민의 본성이 되며, 갖가지 방편들을 애씀 없이 저절로 성취하고, 무한한 화현으로써 모든 중생의 이익을 남김없이 행하고, 원만한 공덕이 구경에 이르며, 습기(習氣)를 비롯한 허물의 모든 오염을 제거하여 중생계가 다할 때까지 머무는 것임을 아는 지혜로운 이들은, 모든 공덕의 근원인 부처님 세존을 향해 신심을 일으키고 그 모든 공덕들을 성취하기 위해 스스로 모든 방법으로 정진해야 한다. 그러므로 세존께서 "일체종지는 연민이라는 뿌리로부터 생겨나고, 보리심이라는 원인으로부터 생겨나며, 방편에 의해 궁극에 이른다."라고 설하신 것이다.

---

46) 신해행의 단계 : 자량도와 가행도 단계.

성현들은 시기질투 등의 허물 버리고
공덕에는 만족할 줄 모르는 바다 같으며
바른 분별로써 바른 가르침들 받아 지님에
대환희의 백조가 물로부터 우유 취하듯 하네.

그와 같이 지혜로운 이들은
잡란되고 치우쳐진 마음 멀리 버리고
어리석은 이가 설한 것일지라도
바른 법은 모두 받아들이네.

이와 같이 중도(中道) 설함으로써
생긴 나의 모든 복덕에 의해
한 중생도 남김없이 모두가
중도 성취하게 하소서.

종의보만

# 종의보만
## (종파 교리의 보물 꾸러미)


꼰촉직메왕뽀[47] 지음



희유한 두 가지 자량의 설산에서

자비의 온기로 녹아내린 물줄기가

본연법신의 땅에 모여

네 가지 종의의 강을 이루고

불업[48]의 파도가 하늘에 솟아

어리석은 외도들을 놀라게 하네.

수천만 보살 용들이 들어갈

능인왕(부처)의 대무열지(大無熱池)에 승리 있으리.

부처의 계승자 불패존(미륵)과

---

47) 꼰촉직메왕뽀 : 1728~1791. 티벳 겔룩파의 고승.

48) 불업 : 성불 이전에 세운 서원과 보리심의 힘에 의해 무량한 중생의 이익을 애씀 없이
    이루어 내는 부처의 무한한 이타행.

불지(佛智)의 총체 문수묘음존,

부처님이 예언하신 용수와 무착보살,

제2의 부처(쫑카빠)와 그의 제자들께 예경합니다.

종의를 통달하면 내외 교법의 모든 차별을 보고, 무수한 지식인들 가운데서 최상 설법의 위의를 갖추며, 공명한 사람으로서 희유한 백기를 세우게 되나니, 이러한 내외 종의의 분별에 현자라면 어느 누가 힘쓰지 않으리오.

이러한 연유로 성현들의 훌륭한 설법을 모아 선연 있는 이들을 섭수하고자 종의를 간략하게 설하노니, 지혜롭고 뜻있는 이들은 경청하라.

현세의 부귀와 명예를 돌아보지 않고 진심으로 해탈을 구하는 이는 청정한 무아의 지견을 깨닫기 위한 방편에 힘써야 하나니, 심오한 견해가 없이는 자비와 보리심을 아무리 수행하더라도 고(苦)를 뿌리째 뽑을 수 없는 까닭이다. 이와 같이 쫑카빠 대사께서도 "실상을 깨닫는 지혜가 없으면 염리심과 보리심을 아무리 익히더라도 윤회의 뿌리는 뽑을 수 없나니, 그러므로 연기를 깨닫는 방편에 힘쓰라."고 하셨다.

따라서 잘못된 견해들을 물리치고, 거칠고 미세한 무아의 차제를 확립하기 위해 내외 종의를 간략하게 총론과 각론 두 가지로 설한다.

# 1. 총론

   종의라고 하는 명칭은 임의로 지은 것이 아니고 불경에서 이미 설하셨다. 능가경에서 "나의 교법은 두 가지로, 교설과 종의라네. 범부에겐 교설을, 수행자에겐 종의를 설하노라."고 하신 바이다.

   개아[49]를 분류하면, 종의에 영향을 받지 않은 자와, 종의에 영향을 받은 자가 있다.

   전자는 경론을 익히지 않고, 탐구, 사유하지 않은 타고난 그대로의 심지로써 현세의 안락만을 추구하는 자이며, 후자는 경론을 익혀서 기반, 도, 증과의 이론체계가 자신의 사상 위에 성립하는 도리를 경론과 바른 이치에 의거해서 논하는 자이다.

---

49) 개아: 의식을 가진 개체적 존재. 범어 뿌드갈라의 번역어. 티벳어로 강삭(gang zag).

종의의 이름을 풀이하면, 현구론(顯句論)[50]에서 "성립의 궁극(싯단따:종의)이란, 바른 이치와 경론에 의해 잘 설해진 바에 따라서 자신의 견해를 건립하고, 그로부터 더 이상 변경이 없으므로 궁극이다."라고 하신 것처럼, 경이나 이치에 의지하여 확정하고 승인한 종의가 자신의 심중에서 그 이치 외에는 달리 변할 수 없으므로 성립의 궁극이라 한다.

분류하면, 외도와 내도(불교도)가 있다.

외도와 불교도의 차이는, 가슴 깊이 삼보에 귀의하는 자는 불교도, 삼보에 의지하지 않고 세간의 신에게 가슴 깊이 귀의하는 자는 외도라 한다.

내외 종의의 차이는, 교조, 교법, 견해 이 세 가지로 구별한다.

불교의 종의는, 교조가 모든 허물이 다하고 공덕이 원만하며, 교법은 중생에게 해를 끼치지 않고, 견해는 상일주재의 자아가 없음을 주장하는 등의 세 가지 특성이 있다.

외도의 종의들은 이와 달리 교조에게 허물이 있고 공덕이 원만하지 않으며, 교법에는 중생을 해함이 있고, 견해는 상일주재의 자아를 승인하는 등의 세 가지 특성이 있다.

---

50) 현구론 : 나가르주나(용수)의 중론에 대한 짠드라끼르띠(월칭)의 주석서.

# 2. 각론

## 1) 외도의 종의

'삼보에 귀의하지 않고 다른 교조를 승인하는 종파'가 외도종파의 정의이다.

분류하면 한이 없지만 간추리면 위슈누(遍入天)교, 이슈와라(自在天)교, 자이나교, 상캬, 짜르와까 등의 사변오부(思辨五部)로 유명하다.

또는 승론파(勝論派), 정리파(正理派), 수론파(數論派), 사찰파(伺察派), 나형파(裸形派), 순세파(順世派) 등의 근본6파로 말하기도 한다.

이들 가운데 앞의 다섯 파는 상견자[51]이고, 마지막은 단견자[52]이다.

---

51) 상견자: 없는 것을 있다고 하는 자.
52) 단견자: 있는 것을 없다고 하는 자.

## (1) 승론파(와이셰시까)와 정리파(니야야)

승론파와 정리파는 순서대로 깡아다와 바라문 가우따마를 따르는 이들이다. 이들이 주장하는 내용에 다소 상위되는 바가 있지만, 종의의 일반적인 면에서는 크게 다르지 않다.

또한, 승론과 정리 두 파는 모든 존재가 6구의(句義)[53]로 귀속된다고 주장하며, 세례, 관정, 단식, 헌공, 호마(불공양) 등을 해탈도로 승인한다.

어느 때 스승의 구결로부터 요가를 수행하여 자아가 근(根) 따위와는 별개의 것임을 알아서 진여를 보고 6구의의 자성을 깨달으면 자아가 편재하는 본질이지만 행위가 없음을 알아서 법과 법 아닌 어떠한 업도 쌓지 않으니, 새로운 업은 쌓지 않고 오래된 업은 다하여, 다시 받을 몸과, 근(根), 정신, 고락, 탐진 등이 자아와 분리되어 새로운 몸과 근(根)을 받지 않으니, 장작이 다한 불과 같이 생사의 흐름이 끊어져서 오직 자아만이 존재하게 되면 소위 해탈을 얻었다고 한다.

---

53) 6구의 : 실(實:실체), 덕(德:성질), 업(業:운동), 동(同:보편), 이(異:개별), 화합(和合:내속內屬) 등의 여섯 가지 원리

## (2) 수론파(상캬)

수론파는 까삘라를 따르는 이들로서, 모든 존재가 25가지 범주에 귀속된다고 주장한다. 이는 순수정신(뿌루샤), 근본물질(쁘라끄리띠), 각(覺:붓디), 아만(아함까라), 5종 미세요소, 11기관(11根), 5대 원소 등의 25가지이다.

5종 미세요소는 색, 성, 향, 미, 촉 등의 다섯 가지다.

11기관은 5지근, 5작근, 의근 등이다.

5지근은 눈, 귀, 코, 혀, 피부 등이다.

5작근은 발성기관, 손, 발, 항문, 생식기 등이다.

5대 원소는 지, 수, 화, 풍, 공 등이다.

이중에서 순수정신은 식(識)이며, 나머지 24가지는 취합으로 이뤄지므로 물질이라 주장하며, 근본물질과 순수정신은 승의제, 그 외의 것들은 세속제라 주장한다.

한편, 원인이면서 결과가 아닌 것, 원인과 결과 두 가지 다인 것, 결과이면서 원인이 아닌 것, 원인과 결과 두 가지 모두 아닌 것 등의 네 가지 경우가 있다.

첫 번째에 해당하는 것은 근본물질이고, 두 번째는 통각기능, 아만, 5종 미세요소 등의 일곱 가지이며, 세 번째는 나머지 열여섯 가지, 네 번째는 순수정신이다.

또한, 근본물질, 보편, 주(主) 등은 같은 뜻이며, 6가지 특성[54]을 갖는 존재라 주장한다.

순수정신, 자아(아뜨만), 식(識), 요(了) 등은 모두 동의어이다.

나머지 스물세 가지의 생성 방식은 다음과 같다.

어느 때 순수정신이 대상을 누리고자 하는 욕구를 일으키면 근본물질이 소리를 비롯한 여러 현상들을 화현시킨다. 또, 근본물질에서 대(大:마하뜨)가 생기는데, 각(覺:붓디)과 대(大)는 동의어이며, 이는 바깥쪽에 대상을, 안쪽에는 순수정신의 상을 비추는 양면 거울과 같은 것이라 주장한다. 그로부터 아만(아함까라)이 생기고, 아만을 분류하면 구변역아만(具變易我慢:삿뜨비까), 구정력아만(具精力我慢:라자사), 구혼암아만(具昏闇我慢:따마사) 등의 세 가지이다. 구변역아만에서 5종 미세원소가 생기고, 그로부터 5대 원소가 생긴다. 구정력아만에서 11기관이 생긴다. 구혼암아만은 다른 두 가지 아만이 활동하도록 한다.

또한, 다리가 성한 장님과 같은 근본물질과, 눈이 성한 불구와 같은 순수정신, 이 둘을 하나로 착각하여, 현상들은 근본물질의 화현이라는 이치를 모르는 무지에 의하여 윤회하게 되는 것이라 주장한다.

어느 때 스승이 긴밀히 보여주는 구결을 들음으로써 현상들은 근

---

54) 근본물질의 6가지 특성 : ① 업 등을 일으키는 근원, ② 생멸이 없이 항상함, ③ 부분이 없이 단일함, ④ 의식이 없는 오직 객체, ⑤ 생명체와 비생명체 전체에 편재, ⑥ 세 가지 성질(3구나: 삿뜨와, 라자스, 따마스)로 이루어짐.

본물질이 화현시킨 것일 뿐이라는 확신이 생기면 점차 대상에 대한 집착이 사라지게 된다. 그때 선정에 의해 천안통이 생겨서 천안통으로 근본물질을 보면 근본물질은 남의 여인처럼 부끄러워 수줍어하며 현상들을 거두어 따로 머물게 되고, 그때 수행자의 의식에는 일체의 속제의 현현이 사라져서 순수정신이 대상을 향유함이 없이 무위에 머물면 그것이 해탈을 성취한 것이라 주장한다.

## (3) 사찰파(미망사)

사찰파는 자이미니를 따르는 자들이다.

베다 경전에 나타나 있는 모든 것은 영원한 실재의 자연발현이며 따라서 진여라고 증익[55]하여 오직 헌공 따위로써만 선취의 과보를 얻을 수 있다고 주장하며, 그것(선취에 나는 것)을 악취에서 벗어난 해탈 정도로 승인한다.

그러나 고(苦)가 완전히 적멸한 해탈은 없다고 본다. 왜냐하면 더러움(번뇌)이 마음의 자성에 물들어 있다고 보기 때문이다.

일체지 또한 없다고 본다. 왜냐하면 존재에 한계가 없기 때문이다.

따라서 진리의 말 또한 없다고 말한다.

---

55) 증익 : 없는 것을 있다고 날조하는 것.

## (4) 나형파(자이나)

이들은 리샤바 지나를 따르는 이들로서, 모든 존재가 아홉 가지 범주에 귀속된다고 주장한다.

아홉 가지 범주란 생명, 새는 것(漏), 계율, 정쇄, 결박, 업, 죄, 복, 해탈 등을 가리킨다.

여기서 생명은 자아를 가리키며, 개인들의 몸의 크기와 같고, 본질적으로는 항상하지만 현상적으로 무상(無常)한 성질을 가진다.

새는 것은 선업과 불선업을 가리킨다. 왜냐하면 그것들에 의해 윤회로 새기 때문이다.

계율은 새는 것을 막는 것이다. 새로운 업을 쌓지 않게 하는 까닭이다.

정쇄는 물을 마시지 않거나 몸에 고통을 가하는 등의 고행을 통해서 이전에 지은 업이 다하는 것이다.

결박은 전도된 견해이다.

업은 후세에 받는 업, 명업[56], 종성업[57], 수업[58]등의 네 가지를 가리킨다.

죄는 비법(법이 아닌 것)이다.

---

56) 명업 : 명성과 관련된 업.
57) 종성업 : 출생신분에 관련된 업.
58) 수업 : 수명에 관련된 업.

복은 법이다.

해탈은 나체, 묵언, 다섯 가지 불에 의지하는 등의 고행에 의해 이전에 지은 일체의 업이 다하고 새로운 업은 짓지 않음으로써 모든 세간의 위에 있는 장소, 세간취라 부르며, 하얀 우산을 거꾸로 세운 듯한 모습의, 발효유나 꾸무따 꽃과 같이 하얗고, 450만 유순[59]의 크기에, 생명이 있으므로 실법이자, 윤회에서 벗어났으므로 무실법이기도 한 그 곳에 가니, 그 세계를 해탈이라 한다.

이것을 승자대웅(리샤바 지나)이 "설향화와 발효유와 진주의 빛깔, 하얀 우산의 모양과 비슷한 것. 이것을 해탈이라 승자는 말하노라."라고 하였다.

---

59) 유순 : 인도의 거리 단위 요자나의 음역.

## (5) 순세파(로까야따 또는 짜르와까)

전생에서 이생으로 오는 것이 없다. 전생이라는 것은 아무도 보지 못한 까닭이다.

우연히 생긴 몸에서 우연히 마음이 생겨난다. 우연히 생겨난 등불에서 우연히 빛이 생겨난 것과 같다.

이생에서 후생으로 가는 것 또한 없다. 왜냐하면 몸과 마음은 동체이므로 몸이 멸하면 마음 또한 멸하기 때문이다. 비유하면, 돌이 사라지면 돌에 있던 무늬 또한 사라지는 것과 같다.

따라서 이들은 오직 자상(구체적 존재)만이 지각대상이며, 양(量)[60]에는 오직 현량[61]밖에 없다고 주장한다. 왜냐하면 공상(共相: 추상적 존재)과 비량(比量)을 승인하지 않기 때문이다.

순세파의 몇몇 부류는 모든 사물이 원인 없이 자연적으로 생긴다고 주장하며, 해가 뜨고, 물이 흐르고, 콩이 둥글고, 가시가 길고 뾰족하며, 공작의 깃털 등과 같은 모든 법은 누가 만든 것이 아니라 자연적으로 생긴 것이라 말한다.

---

60) 양(量) : 범어 쁘라마나의 번역어. 불교 4대 종파 중에서 비바사파, 경부파, 유식파, 중관자립파는 쁘라마나의 '쁘라'를 '첫 번째'로 해석해서 대상을 지각하는 첫 번째 찰나의 심식이 양(쁘라마나)이라 주장하고, 중관귀류파는 '쁘라'를 '주요'의 뜻으로 해석해서 자신의 주요 대상을 지각하는 심식이 양(쁘라마나)이라 주장한다.

61) 현량 : 무분별의 직관.

이르노니,

악견의 변에 토대를 쌓는

외도 종의의 본질을 남김없이

제대로 알아서 배격함은

해탈의 마을로 들어서는 계단이라네.

# 2) 불교의 종의

## (1) 총론

　석가족의 왕이신 비할 바 없는 교조께서 처음에 최상의 보리심을 발하시고, 중간에 삼대무량겁동안 자량을 쌓으셨으며, 마지막으로 금강좌(보드가야)로 옮기시어 위없는 깨달음을 이루시고, 와라나시에서 다섯 비구에게 사성제의 법륜을 굴리셨다. 이후 영취산에서 중전 무상(無相)법륜을 굴리시고, 와이샬리 등지에서 선변(善辨)법륜을 널리 굴리시니, 외도의 여섯 교조를 비롯한 모든 삿된 교설은 조복되고, 이익과 안락의 근원인 귀중한 불법이 널리 증장되었다.

　이후, 해석자들이 세 가지 법륜의 뜻을 각각으로 해설함에 따라 네 가지 종파가 생겨났다.

　그들 중 실유를 설하는 두 부류(비바사파와 경부파)는 초전법륜을, 중관파는 중전법륜을, 유식파는 말전법륜을 따라 기반, 도, 증과의 교리체계를 세우게 되었다.

　교조 석가모니를 따르는 종파에는 비바사(와이바시까), 경부, 중관, 유식, 이렇게 넷으로 수를 한정한다. 왜냐하면 그 밖의 다섯 번째 종의나, 삼승 외의 네 번째 승은 없다고 말씀하셨기 때문이다. 금강심석(金剛心釋)에서 "불교도에 네 번째와 다섯 번째는 부처님의 뜻이 아니다."라고 하신 것과 같다.

중관자립파 이하의 불교 종의들은 중관귀류파의 입장에서 보면 상단(常斷)의 양변에 떨어져 있으나, 각자의 입장에서는 모두 자신들이 중관파라 주장한다. 상단의 양변을 여읜 중도를 승인한다고 저마다 자부하는 까닭이다.

네 파가 각각 상단의 변을 여의는 도리는 상이하다.

비바사파는 '결과가 생겨날 때 원인이 멸하는 것'으로써 상변을 여의고, '원인의 후속으로 결과가 생김'으로써 단변을 여읜다고 말한다.

경부파는 '유위법의 흐름이 끊이지 않고 유전함'으로써 단변을 여의고, '찰나멸'로써 상변을 벗어난다고 주장한다.

유식파는 '변계소집이 실재하지 않음'으로써 상변을 여의고, '의타기가 실재함'으로써 단변을 여읜다고 말한다.

중관파는 '일체법이 언어관습적 차원에서 존재함'으로써 단변에서 벗어나고, '승의에서 존재하지 않음'으로써 상변에서 벗어난다고 주장한다.

상위의 종의가 하위 종의와 견해가 다른 부분들을 배격한다. 그러나 하위 종의의 견해를 이해하는 것이 상위 종의의 견해를 이해하는 바른 방편이 되므로 상위 종의를 최고로 삼아 하위 종의를 멸시해서는 안 된다.

'사법인을 승인하는 자'가 불교 종파의 정의이다.

사법인이란 제행무상, 유루개고, 제법무아, 열반적정 등을 가리킨다.

만약, "독자부는 인아(人我)를 승인하므로 불교 종파가 아니란 말인가?"라고 한다면, 답하건대, 독자부가 승인하는 자아는 독립적인 실체의 자아인 반면, 사법인에서 말하는 무아는 상일주재의 자아가 없다는 뜻으로서, 정량5부 또한 이를(상일주재의 자아가 없음을) 승인하므로 여기엔 모순이 없다.

(2) 각론


① 비바사파(와이바시까)


(ㄱ) 정의 : '자증분[62]'을 승인하지 않고, 외경(바깥 대상)을 실재라 주장하는 소승의 종파'가 비바사파의 정의이다.


(ㄴ) 분류 : 카시미르비바사, 일하파(日下派), 중부비바사 등의 세 파가 있다.


(ㄷ) 이름풀이 : 와수미뜨라(世友) 논사, 그를 비바사파(분별파)라 하는 이유는, 대비바사론을 따라 종의를 설하거나, 과거, 현재, 미래의 3시(時)가 실체의 별법(개별사례)이라 설하는 까닭이다.


ㄹ) 교리
㉠ 기반에 대한 교리
ⓐ 경

---

62) 자증분 : 심식이 자기 자신을 지각하는 부분.

이 학파는 모든 존재가 현현색, 심왕, 심소, 불상응행[63], 무위법 등의 다섯 가지 근본 범주에 귀속된다고 주장하며, 이 다섯 가지 모두를 실법이라 주장한다.

'작용할 수 있는 것'이 실법의 정의이다. 유(有), 지각대상, 실법 등은 같은 뜻이며, 무위법은 항상하는 실법이고, 색, 심식, 불상응행 등의 세 가지는 무상한 실법이라 주장한다.

실법은 반드시 실체로 이루어진 것이어야 하지만, 실유일 필요는 없다. 왜냐하면 승의제와 실유가 같은 의미, 세속제와 가유가 같은 의미라고 주장하기 때문이다.

실법을 분류하면, 2제의 분류, 유루 무루의 분류와 그 밖의 분류 방법이 있다.

첫째(2제), '부수거나, 생각으로써 부분을 각각으로 나눌 때, 그것을 취하는 정신이 버려질 수 있는 대상'이 세속제의 정의이다.

사례는 흙 항아리와 염주 등이 있다. 흙 항아리를 망치로 부수면 흙 항아리로 취하는 정신이 버려지기 때문이며, 염주의 알을 각각 분리하면 염주로 취하는 정신이 버려지는 까닭이다.

'부수거나 생각으로써 부분을 각각으로 나눌 때, 그것을 취하는 정신이 버려질 수 없는 대상'이 승의제의 정의이다.

사례는 '공간적으로 분할 불가능한 최소 입자'와, '시간적으로 분할 불가능한 최단 찰나의 심식', 무위허공 등이 있다.

---

63) 불상응행 : 유위법 중에서 정신도 물질도 아닌 것.

구사론에서 '부수거나 생각으로 분할하면, 정신이 그것을 취할수 없는, 항아리, 물 등은 세속제로 존재하며, 승의제로 존재하는것은 이와 다르다.'라고 하셨기 때문이다.

그러므로 세속제는 승의에서 성립하지는 않지만 실재라고 주장한다. 왜냐하면 이 교의에서는 모든 존재를 실재라고 보기 때문이다.

둘째(유루와 무루), '대상하거나 상응에 의해서 번뇌를 증대시킬수 있는 존재[64]'가 유루의 정의이다.

사례는 오온 따위이다.

'대상하거나 상응에 의해서 번뇌를 증대시킬 수 없는 존재'가 무루의 정의이다.

사례는 도제(道諦)와 무위법 등이 있다.

구사론에서 "도제 이외의 유위법들은 유루", "무루는 도제와 세가지 무위법"라고 하셨기 때문이다.

유루는 모두 제거대상이다. 그러므로 자량도와 가행도 역시 제거대상이다.

견도는 모두 무루이며, 수도와 무학도에는 각각 유루와 무루의도가 있다. 성도(聖道)는 모두 무루이지만, 성인의 의식 상의 도가모두 무루인 것은 아니다. 왜냐하면 수도위 성인의 의식 상의 조정

---

64) * 대상함에 의해 번뇌를 증대시킴 : 어떤 대상을 보고서 번뇌가 일어나는 것.
   * 상응에 의해 번뇌를 증대시킴 : 번뇌가 일어날 때 그 순간에 함께 일어나는 심왕과
   심소들이 모두 번뇌에 오염된 심식이 된다는 의미.

상도[65]는 유루이기 때문이다.

셋째, 기타 분류에서, 3시(時)를 실체라 주장한다. 항아리가 항아리의 과거에도 있고, 항아리의 미래에도 존재한다고 주장하는 까닭이다.

부정존재와 긍정존재를 승인함에 있어서, 전체부정존재는 승인하지 않는다. 왜냐하면 부정존재는 모두 부분부정존재라고 주장하기 때문이다.

카시미르파는 경부파와 마찬가지로 의식의 흐름이 업과 과보를 연계시키는 매개체라 주장하고, 그 외의 비바사파들은 업과 과보를 연계시키는 매개체로 득(得)을 주장하며, 이는 마치 채권처럼 보증되는 일종의 불상응행이라 주장한다.

중관귀류파와 이 두 학파의 교리에서는 신업(몸의 업)과 어업(말의 업)을 색법이라 주장한다.

유위법은 모두 무상(無常)하지만, 매 찰나마다 멸하는 것은 아니라고 본다. 왜냐하면 생겨난 이후에 머물고, 머문 이후에 멸한다고 주장하기 때문이다.

ⓑ 유경

유경에는 개아, 심식, 말하는 소리 등의 세 가지가 있다.

---

65) 조정상도(粗靜相道) : 상계의 고요함과 하계의 거친 모습을 비교 관찰하는 도.

첫째, '가립의 기반인 오온의 취합일 뿐인 것'이 개아의 사례이다. 정량부의 일부는 오온 전부를 개아의 사례로, 법장부는 오직 마음만을 개아의 사례로 승인한다.

둘째, 심식에는 양(量)과 양(量)이 아닌 두 가지가 있고, 양(量)에는 현량과 비량이 있다.

먼저, 현량에는 근현량, 의현량, 요가현량이 있으나, 자증현량은 승인하지 않는다.

근현량이 반드시 심식인 것만은 아니다. 왜냐하면 물질인 안근이 물체, 견(見), 양(量) 등 모두에 해당하기 때문이다.

근식은 대상을 구분 없이 통째로 요량하며, 물질인 안근도 형상을 본다고 주장한다. "만일 심식만이 형상을 본다면, 벽 따위로 가려진 형상 또한 보게 될 것"이라 하며[66], 심왕과 심소는 서로 실체가 다르다고 주장한다.

양(量)이 아닌 심식에는 전도식 등이 있다.

셋째, 일반적으로 소리에는 생물의 소리와 무생물의 소리 두 가지가 있다. 전자는 사람이 말하는 소리 따위, 후자는 물소리 따위이다.

생물과 무생물의 소리 각각에 또한, 유정으로 나타내는 소리와 나타내지 않는 소리 두 가지가 있다. 유정으로 나타내는 소리, 말

---

66) 만약 눈이 사물을 보는 것이 아니라면 단지 안식과 대상 사이의 장애물이 될 뿐인데, 그럼에도 불구하고 안식은 눈이라는 장애물 너머의 사물을 볼 수 있으므로, '그렇다면 벽 너머의 사물은 왜 보지 못하는가?'라는 논리이다.

을 표상하는 소리, 말하는 소리 등의 세 가지가 같은 의미, 유정으로 나타내지 않는 소리, 말을 표상하지 않는 소리, 말하는 소리가 아닌 소리 등이 같은 의미이다.

경론 또한 명(名), 구(句), 문(文)의 집합체이자, 소리의 상(相)인 불상응행으로 승인하기 때문에, 이 교의에서는 물질과 불상응행이 상위되지 않는다고 생각된다.

ⓛ 도에 대한 교리
ⓐ 도의 소연

사성제의 특성인 무상을 비롯한 16행상[67]이 도의 소연이다.

미세한 무아와 미세한 인무아를 같은 의미라 주장하며, '개아에 독립적인 실체가 없음'을 미세한 인무아로 승인한다.

18부파 가운데 정량부는 '개아에 독립적인 실체가 없음'을 인무아로 승인하지 않는다. 왜냐하면 그들은 독립적인 실체의 자아가 있다고 주장하기 때문이다.

법무아의 교리는 승인하지 않는다. 왜냐하면 모든 존재가 법아라고 주장하기 때문이다.

---

67) 16행상(行相) : 고제 4행상(무상無常, 고苦, 공空, 무아無我), 집제 4행상(인因, 집集, 생生, 연緣), 멸제 4행상(멸滅, 정靜, 묘妙, 이離), 도제 4행상(도道, 여如, 행行, 출出).

ⓑ 도의 제거대상

도의 제거대상에는 염오(번뇌)무지와 비염오무지 두 가지가 있다.

염오무지는 해탈을 얻는데 주된 장애가 된다.

사례는 인아집과, 인아집에 의해 생긴 삼독 및 그 씨앗들 따위다.

비염오무지는 일체종지를 얻는데 주된 장애가 된다.

사례는 여래의 심오한 법에 무지한 비염오장을 비롯한 네 가지 무지[68]따위이다.

장애에는 이 두 가지 외에 소지장이라는 명칭은 승인하지 않는다.


ⓒ 도의 본질


3승의 도에 자량도, 가행도, 견도, 수도, 무학도 등 5도의 교의를 승인하지만, 10지의 지혜는 승인하지 않는다.

인(忍), 지(智) 16찰나의 전 15찰나는 견도, 제 16찰나인 도류지[69]는 수도이며, 염소가 다리를 건너가듯 오직 단계적으로 일어난다고 주장한다.

도제(道諦)가 모두 심식인 것만은 아니다. 왜냐하면 무루의 오온

---

68) 네 가지 무지 : ① 본질이 심오해서 알지 못하는 것, ② 거리상으로 너무 멀어서 알지 못하는 것, ③ 시간상으로 너무 멀어서 알지 못하는 것, ④ 종류가 무한해서 알지 못하는 것.
69) 도류지 : 색계와 무색계의 도제(道諦)를 관해서 얻는 지혜.

도 도제라고 주장하기 때문이다.


ⓒ 증과에 대한 교리


성문종성들은 무상을 비롯한 16행상을 3생 이상 수행하여 마침
내 성문 수도의 금강삼매에 의지하여 번뇌장을 득(得)이 끊어지는
방식으로 제거하고 아라한과를 성취한다.

인유독각[70]들은 개아에 독립적인 실체가 없음을 깨달은 지견과 백
대겁 이상 쌓은 복덕자량을 겸해서 대품자량도 이후로 수행하여 가
행도의 난위에서 무학도에 이르기까지 한 자리에서 성취한다.

소승아라한도 자신의 단증[71]에서 퇴락하여 예류(수다원)가 될 수
있음을 승인한다.

성문에는 20승중과 8향주[72]의 교의를 세우지만, 단번에 성취함을
승인하지 않으며, 8향주를 모두 성인으로 승인한다.

보살들은 자량도 단계에서 삼대무량겁동안 자량을 쌓고, 이후 백
겁동안 32상[73]의 인(因)을 성취하여 윤회의 마지막 생에 보리수 아

---

70) 인유독각 : 무소와 같은 독각. 독각에 인유독각과 부행독각이 있는데, 전자는 번잡함
  을 싫어하여 혼자 지내는 독각, 후자는 대중과 함께 머무는 독각을 가리킨다.
71) 단증 : 제거대상을 제거한 것을 단이라 하고, 깨우쳐야 할 바를 증득한 것을 증이라 한
  다.
72) 8향주(4향4과) : 예류, 일래, 불환, 아라한 네 가지에 각각 향(向)과 과(果)를 세워(예류
  향, 예류과 등) 8 가지. 향은 어떤 경지를 향해 수행해가는 단계이며, 과는 그것에 의
  해 도달한 경지이다.
73) 부처님의 몸에 갖춘 32가지 표상.

래에서 초야에 천자마를 항복받아 자정에 삼매에 들면 가행도, 견도, 수도를 성취하고, 새벽녘에 무학도를 성취한다. 따라서 초야에 마를 항복받기 이전은 범부의 상태이고, 보살의 가행도, 견도, 수도의 세 가지는 오직 삼매라고 주장하며, 12행적[74]중에서 앞의 9가지를 보살의 행적, 후 3행적을 부처의 행적으로 승인한다.

증법륜[75]은 모두 견도, 교법륜은 모두 사제법륜이라 주장한다.

아비달마 7부논서[76]를 불설로 승인하며, 불설은 모두가 문자 그대로라고 주장한다.

팔만법온 외에 팔만사천법온은 승인하지 않는다. 왜냐하면 구사론에서 '부처님께서 설하신 팔만법온'이라 하셨기 때문이다.

윤회 마지막 생의 보살이 보리를 성취하는 곳은 오직 욕계뿐이므로, 밀엄색구경천과 보신의 교리는 승인하지 않으며, 일체종지 또한 승인하지 않는다.

삼승의 아라한 모두가 유여아라한이다. 왜냐하면 무여열반 시에 마치 등불이 꺼지는 것과 같이 의식의 흐름이 단멸된다고 주장하기 때문이다. 따라서 구경삼승을 승인한다.

일설, "교조께서 열반 시에 교화대상들의 앞에서 색신을 거둬들

---

74) 12행적 : 부처님의 일대기를 12 가지로 간추린 것. ① 도솔천에서 내려옴, ② 모태에 듦, ③ 출생, ④ 학예에 통달, ⑤ 세속적 유희, ⑥ 사문유관과 출가, ⑦ 고행, ⑧ 보리수 아래 금강결좌, ⑨ 항마, ⑩ 무상정각, ⑪ 전법륜, ⑫ 대열반.

75) 증법륜 : 법륜에는 증법륜과 교법륜이 있는데, 증법륜은 부처님의 교화대상의 의식 상에 있는 법륜이며, 교법륜은 부처님의 가르침을 가리킨다.

76) 7부논서 : 발지론(發智論), 법온론(法蘊論), 시설론(施設論), 계신론(界身論), 식신론(識身論), 품류론(品類論), 집이문론(集異門論).

이신 것일 뿐, 실제로 열반에 든 것이 아니다."라고 말하는 것은 생선과 순무를 뒤섞은 것과 같다.[77]

부처님께서 고(苦)와 집(集)을 남김없이 제거하셨음에도, 그의 연속체에 고제가 존재하는 것은 모순이 아니다. 왜냐하면 고제를 대상으로 한 모든 번뇌를 제거한 것을 가리켜 고제를 제거했다 한 까닭이다.

색신은 이전의 가행도 보살의 육신과 같은 생의 육신이므로 불보가 아니지만 부처로 승인하며, 그의 내면의 진무생지[78]를 불보로 승인한다.

마찬가지로 학도[79]의 성자들은 유루이므로 승보가 아니라 승중이며, 그의 의식 상의 도제를 승보로 승인한다.

또 법보란 무엇인가 하면, 부처님, 성문, 독각 등의 열반과 멸제를 가리킨다.


이르노니,
고찰의 금 항아리로
비바사의 바다에서 길어 올렸네.

---

77) 생선과 순무 : 서로 어울리지 않는 음식을 섞어 요리하면 맛을 버리는 것과 같이, 무여열반 시에 의식의 흐름이 단멸된다는 주장과 석가모니 부처님께서 열반에 드시지 않았다는 주장은 서로 어울리지 않는다는 의미이다.

78) 진무생지 : 진지(盡智)와 무생지(無生智). 번뇌가 다했다는 것을 아는 지혜를 진지라 하고, 그것들이 다시 일어나지 않을 것을 아는 지혜를 무생지라 한다.

79) 학도(學道) : 5도 가운데 무학도를 제외한 자량도, 가행도, 견도, 수도 등의 네 가지.

선설의 이 감로 연회에

총명한 젊은이들 맘껏 즐기라.


② 경부파(사우뜨란띠까)


(ㄱ) 정의 : '자증분과 외경(바깥 대상)을 모두 실재라 주장하는 소승의 종파'가 경부파의 정의이다.

경부파와 비유파는 동의어이다.


(ㄴ) 분류 : 수교행(隨敎行)경부파와 수리행(隨理行)경부파가 있다.

전자는 아비달마구사론을 따르는 이들이며, 후자는 7부량론[80]을 따르는 이들이다.


(ㄷ) 이름풀이 : 경부파 또는 비유파라고 일컫는 이유가 무엇인가 하면, 대비바사론을 따르지 않고 주로 세존의 경에 의지하여 종의를 설하므로 경부파라 하며, 모든 법을 비유로써 보이므로 비유파라고 한다.

---

80) 칠부량론 : 다르마끼르띠(법칭)가 지은 7가지 논서. 석량론(釋量論), 양결정론(量決定論), 이적론(理滴論), 인적론(因滴論), 관상속론(觀相屬論), 성타상속론(成他相續論), 쟁정리론(諍正理論).

(ㄹ) 교리

㉠ 기반에 대한 교리

ⓐ 경

'정신에 의해 식별되는 것'이 경의 정의이다.

'정신의 대상이 될 수 있는 것'이 지각대상의 정의이다.

경, 유(有), 지각대상, 존재 등은 같은 의미다.

경을 분류하면, 2제의 분류, 자상(自相)과 공상(共相)의 분류, 부정존재와 긍정존재의 분류, 현전분(드러난존재)과 은폐분(가려진존재)의 분류, 3시(時)의 분류, 일(一)과 이(異)의 분류가 있다.

첫째, '언어와 분별에 의한 가립에 의존하지 않고, 그 자신의 존재원리 방면으로부터, 논리에 의한 고찰을 견디어 냄으로써 성립하는 존재'가 승의제의 정의이다.

실법, 승의제, 자상(自相), 무상(無常)한 존재, 유위법, 실재 등은 모두 같은 의미다.

'분별에 의한 가립에 의해서만 성립하는 존재'가 세속제의 정의이다.

무실법, 세속제, 공상(共相), 항상한 존재, 무위법, 허위존재 등은 모두 같은 의미다.

2제의 이름풀이는 다음과 같다.

무위허공 따위들을 세속제라고 하는 이유는 세간의 정신 상에 진실인 까닭이다.

여기서 세간이란 분별을 가리킨다. 자상을 직관하는데 장애가 되므로 세간이라 한다. 그러나 이것은 이름 풀이일 뿐, 세간의 정신인 분별식 상에서 진실이라 하더라도 반드시 세속제인 것은 아니다. 왜냐하면 승의제의 사례인 항아리 따위도 세간의 정신인 분별식 상에 있어 진실이고, 인아와 '소리의 항상함' 따위는 세간의 정신인 분별식 상에 있어 진실이지만 일반적으로도 존재하지 않기 때문이다.

항아리 따위들을 승의제라고 하는 이유는 승의의 정신 상에 진실인 까닭이다.

여기서 승의의 정신이란 '나타나는 대상(현현경)에 착란되지 않은 심식'을 의미한다.

이러한 2제의 설정 방식은 수리행경부파의 교리이며, 수교행경부파의 2제의 교리는 비바사파와 동일하다.

둘째, '승의에서 작용할 수 있는 존재'가 자상의 정의이다.

사례는 항아리 따위이다.

'승의에서 작용할 수 없는 존재'가 공상의 정의이다.

사례는 무위허공 따위이다.

일반과 개별, 일(一)과 이(異), 상위와 관계 등의 가립된 법들은 공상이지만, 이러한 것들 중의 하나이면 반드시 공상인 것은 아닌 차이를 구분해야 한다.

셋째, '부정대상을 직접 배격하는 방식에 의해 지각되는 존재'가 부정존재의 정의이다.

부정존재와 배타법은 같은 의미이며, 분류하면, 전체부정존재와 부분부정존재가 있다.

'그것을 직접적으로 지각하는 정신이 그것의 부정대상을 배격한 것만으로써 지각되는 대상'이 전체부정존재의 정의이다.

사례는 '바라문은 술을 마시지 않는다.' 따위이다.

'그것을 직접적으로 지각하는 정신이 그것의 부정대상을 배격한 한편으로 다른 법인 부분부정존재 또는 긍정존재 중의 하나를 나타내는 것'이 부분부정존재의 정의이다.

사례는 '뚱뚱한 데와닷따가 낮에는 음식을 먹지 않는다.' 따위이다.

'그것을 직접적으로 지각하는 정신이 그것의 부정대상을 직접 배격하여 지각되는 대상이 아닌 존재'가 긍정존재의 정의이다.

사례는 항아리 따위이다.

넷째, '현량에 의해 직접적으로 지각되는 대상'이 현전분(드러난존재)의 정의이다.

현전분과 실법은 같은 의미다.

'비량에 의해 직접적으로 지각되는 대상'이 은폐분(가려진존재)의 정의이다.

은폐분과 지식대상은 같은 의미다.

다섯째, '어떠한 실법이 생겨난 두 번째 찰나에 멸한 측면'이 과거의 정의이다.

'어떠한 실법이 생겨날 원인이 있지만 조건이 갖추어지지 않아서 어느 장소와 시간에 생기지 않은 측면'이 미래의 정의이다.

'생겨나서 멸하지 않은 것'이 현재의 정의이다.

과거와 미래는 모두 항상한 존재이며, 현재는 실법과 같은 의미라 주장한다.

어떤 것의 과거는 그것 이후에 성립하며, 어떤 것의 미래는 그것의 이전에 성립하는 등의 차이 또한 알아야 한다.

여섯째, '각각이 아닌 존재'가 일(一)의 정의이다.

사례는 항아리 따위이다.

'각각의 존재'가 이(異)의 정의이다.

사례는 '기둥과 항아리 둘' 따위이다.

본질이 다르면 자체가 달라야 하지만, 자체가 다르다고 해서 반드시 본질이 다른 것은 아니다. 왜냐하면 지어진 존재와 무상(無常)한 존재 이 두 가지는 본질이 같지만 자체는 다르기 때문이다.

또, '공간적으로 분할 불가능한 최소 입자'와, '시간적으로 분할 불가능한 최단 찰나의 심식'을 승인하는 등은 비바사파와 같지만 완전히 동일하지는 않다. 왜냐하면 비바사파는 모든 존재가 실체로 이루어졌다고 주장하지만 경부파는 이와 같이 주장하지 않기 때문이다.

무표색[81]또한 비바사와 중관귀류 두 파는 색법으로 인정하며, 경부, 유식, 중관자립 세 파는 색이라고 이름 붙였을 뿐 실제로 색법

---

81) 무표색 : 자신의 의식에만 나타날 뿐 보통의 타인의 감각으로는 알아볼 수 없는 색법.

은 아니라고 주장한다.

또한 비바사파는 인과의 동시성을 주장하며, 경부파 이상은 이를 승인하지 않는다.

ⓑ 유경

유경에는 개아, 심식, 말하는 소리 등의 세 가지가 있다.

첫째, 수교행경부파는 온의 연속체를, 수리행경부파는 의식(제 6 식)을 개아의 사례로 승인한다.

둘째, 심식에는 양(量)과 양(量)이 아닌 두 가지가 있고, 양(量)에 는 현량과 비량 두 가지가 있다.

현량에는 근현량, 의현량, 자증현량, 요가현량 네 가지가 있다.

물질 감각기관(5근)은 양(量)이 될 수 없다. 왜냐하면 명료하지 않 고 대상을 지각할 수 없기 때문이다.

양(量)이 아닌 정신에는 재결식[82], 전도식, 의심, 사의[83], 부주의식 [84]등의 다섯 가지가 있고, 의심과 사의 두 가지는 모두 분별식이다.

심식이 대상을 지각할 때 유상(有相)으로 지각하며, 심과 심소는

---

82) 재결식 : 먼저 일어난 양(量)의 영향으로 그에 뒤따라서 대상을 지각하는 두 번째 찰 나 이하의 심식.

83) 사의(伺意) : 올바른 직관이나 추론에 의거하지 않고서 어떤 사실을 올바르게 결정내 리는 분별식.

84) 부주의식 : 감각 대상이 심식에 선명하게 나타났지만, 그것에 대한 지각을 일으키지 못하는 심식. 예를 들어, 음악에 매우 심취해 있을 때 형상을 보는 안식 따위.

동체라 주장한다.

셋째, '자신이 말하는 바의 의미를 이해하게끔 하는 소리'가 말하는 소리의 정의이다.

분류하면, 종류를 말하는 소리와 집합을 말하는 소리 두 가지가 있다. 전자는 '형상'이라고 말하는 소리 따위이며, 후자는 '항아리'라고 말하는 소리 따위이다.

또한, 말하는 방식에 따라 분류하면, 법을 말하는 소리와 유법을 말하는 소리가 있다. 전자는 '소리의 무상함'이라고 말하는 소리 따위이고, 후자는 '소리는 무상하다'라고 말하는 소리 따위이다.

ⓒ 도에 대한 교리

ⓐ 도의 소연

4성제의 무상(無常)을 비롯한 16행상이 도의 소연이다.

미세한 무아와 미세한 인무아는 동의어라 주장한다.

'개아에 상일주재의 자아가 없음'이 거친 인무아, '개아에 독립적인 실체의 자아가 없음'이 미세한 인무아라 주장한다.

ⓑ 도의 제거대상

인아집과 염오무지, 비염오무지 등의 명칭 정도 외에 법아집과 소지장 등을 승인하지 않는 것은 비바사파와 동일하다.

3승의 도에 5도의 교리를 세우며, 인(忍), 지(智)의 16찰나를 견도라 주장한다.

현량에 나타나는 대상은 오직 자상뿐이므로 성문 견도의 무간도에 미세한 인무아가 나타나진 않지만, 그것(성문 견도의 무간도)이 인아가 공한 행온을 직접적으로 지각함으로써 간접적으로 미세한 인무아를 지각한다고 주장한다.


ⓒ 증과에 대한 교리


아라한이 단증에서 퇴락할 수 없음과 부처의 색온을 부처로 승인하는 것을 제외하면 삼승의 증과 방식은 비바사파와 동일하다.

비바사파와 경부파 모두 대승의 경장을 불설로 승인하지 않으나, 후세대들은 불설로 승인하기도 한다.


이르노니,
논리학을 올바르게 익힌 힘으로
논리를 따르는 비유파들의
논리의 밀구를 정확하게 설한 여기에
논리론자들은 연회를 즐기시라.

③ 유식파(찟따마뜨라)

㉠ 정의 : '외경을 승인하지 않고 의타기를 실재라 주장하는 불교의 종파'가 유식파의 정의이다.

㉡ 분류

유식파를 분류하면, 진상(眞相)유식파와 가상(假相)유식파가 있다.

두 파의 차이가 무엇인가 하면, 파랑색을 취한 안식에 파랑색이 파랑색으로 나타남이 진상과 가상유식파의 논쟁의 초점인데, 진상파는 파랑색을 취한 안식에 파랑색이 파랑색으로 나타나는 그대로 존재한다고 주장하는 반면, 가상파는 파랑색을 취한 안식에 파랑색이 파랑색으로 나타나는 그대로 존재하지 않는다고 주장한다.

두 파 모두 '파랑색을 취한 안식에 파랑색이 파랑색으로 나타남'과 '파랑색이 외경으로 나타남'을 주장하는 것은 같다. 그러나 진상파는 파랑색을 취한 안식에 '파랑색이 외경으로 나타남'은 무명의 오염에 기인하며, '파랑색이 파랑색으로 나타남'과 '파랑색이 거친 것으로 나타남'은 무명의 오염에 기인한 것이 아니라 주장하고, 가상파는 '파랑색이 외경으로 나타남'뿐만 아니라 '파랑색이 거친 것으로 나타남' 또한 무명의 오염에 기인한 것이라고 주장한다.

따라서 '근식에 거친 것으로 나타난 것이 나타난 대로 존재한다고 주장하는 유식파'가 진상유식파의 정의, '근식에 거친 것으로 나타난 것이 나타난 대로 존재하지 않는다고 주장하는 유식파'가 가상유식파의 정의이다.

　진상유식파를 분류하면, 능소등수파, 반란대개파, 섭잡무이파 등의 세 파가 있다. 이 세 파의 차이에 대해서 학자들의 견해가 일치하지 않는다. 궁루걜챈상뽀[85]의 중관강요(中觀綱要)에서는 다음과 같이 설하셨다.

　　　나비 날개 위의 얼룩무늬를 취한 안식이 얼룩무늬를 취할 때, 대상으로부터 청, 황 등의 다양한 각각의 상(相)이 제공되고, 의식 상에서도 청, 황 등의 다양한 각각의 상(相)이 진상(眞相)으로 생긴다고 주장하면 능소등수파, 대상으로부터 청, 황 등의 다양한 각각의 상이 제공되고, 의식 상에 청, 황 등의 다양한 각각의 상이 무상(無相)으로 생긴다고 주장하면 반란대개파, 대상으로부터 청, 황 등의 다양한 각각의 상이 제공되지 않고 얼룩무늬 전체의 상만 제공되며, 의식 상에 청, 황 등의 다양한 각각의 상이 무상으로 생긴다고 주장하면 섭잡무이파다.

---

85) 궁루걜챈상뽀 : 쫑카빠 대사의 4대 제자 중 한명. 궁루는 지역 이름이다.

둥첸렉빠상뽀[86]와 뺀첸쐬남닥빠[87]등은 다음과 같이 설하셨다.

얼룩무늬를 취한 근식에 현현하는 청, 황 두 가지가 별개인 것처럼, 얼룩무늬를 취한 안식 상에 별개의 안식이 다수 존재함을 승인하면 능소등수파, 청과 청을 취한 안식은 일반적으로 심식의 본질이지만, 이 두 가지가 별개라고 주장하면 반란대개파. 얼룩무늬 상의 청, 황 두 가지가 동체인 것처럼, 얼룩무늬를 취한 안식 상의 청, 황을 취한 두 근식 또한 동체라 주장하면 섬잡무이파다.

**대종의(大宗義)에서는 다음과 같이 설하셨다.**

얼룩무늬를 취한 안식이 얼룩무늬를 볼 때, 얼룩무늬 상의 청, 황 등과 동일한 수의 동류 의식들이 일시에 생긴다고 주장하면 능소등수파. 청과 청을 취한 안식 두 가지가 생겨난 시기로 보면 전후이지만, 소연하는 시기에선 동체임을 승인하면 반란대개파. 얼룩무늬를 취한 안식이 자신의 대상(얼룩무늬)을 볼 때, 그 대상 위의 청, 황 등과 동일한 수의 동류 의식들이 일시에 생기지 않고, 얼룩무늬 전체를 취한 안식만이 얼룩무늬 상의 청, 황 등을 취한 근식이라 승인하면 섬잡무이파다.

---

86) 둥첸렉빠상뽀 : 대뿡 고망사원의 대학자. 둥첸은 이전 티벳의 정부 기관의 지위 이름이다. 비서장에 해당.

87) 뺀첸쐬남닥빠 : 규뙤(上密院) 승원장, 대뿡 로쌜링 승원의 주지, 간댄 사원의 15대 수장, 대뿡과 쎄라의 주지 등을 역임한 현교와 밀교의 대학자. 이분의 주석서가 현재까지 여러 강원의 교재로 사용되고 있다.

이러한 세 가지 설 가운데 옳다고 판단되는 것을 취하도록 한다.

능소등수파에는 8식을 주장하는 파와 6식을 주장하는 파가 있고, 섬잡무이파에는 6식을 말하는 파와 1식만을 말하는 파가 있다.

가상파를 분류하면, 유구가상파와 무구가상파가 있다. 마음의 자성이 무명의 습기에 오염되어 있다고 주장하면 유구파이고, 마음의 자성이 무명의 습기에 전혀 오염되어 있지 않다고 주장하면 무구파라 한다.

또는 불지에 무명은 없으나 착란의 현현이 있다고 주장하면 유구파, 불지에 무명이 없으므로 착란의 현현도 없다고 주장하면 무구파라 한다.

유식파를 또 달리 분류하면, 수교행과 수리행 등의 두 파가 있다. 전자는 유가사지론을 따르고, 후자는 7부량론을 따른다.


(ㄷ) 이름 풀이 : 어째서 유식파라 하는가 하면, 모든 존재가 마음의 본질일 뿐이라고 말하므로 유심종 혹은 유식파라 하며, 요가행적 관점에서 수행의 실천을 확립하므로 요가행파라고도 한다.


(ㄹ) 교리
㉠ 기반에 대한 교리
ⓐ 경

모든 존재가 3성(性)으로 귀속된다고 주장한다. 왜냐하면 모든 유위법은 의타기, 모든 법성은 원성실, 그 밖의 모든 것은 변계소집이라 주장하기 때문이다.

이 세 가지 모두 자기 방면으로부터 존재하며 자성에 의해 존재한다고 주장하지만, 실재와 비실재의 차별은 있다. 왜냐하면 변계소집은 비실재, 의타기와 원성실은 실재라 주장하기 때문이다.

'승의에서 성립하지는 않지만 분별식 상에 성립하는 것'이 변계소집의 정의이다.

변계소집을 분류하면, 가립명언변계소집과 부득의상변계소집이 있다. 전자는 지식대상 따위이고, 후자는 인아와 법아 따위이다.

'다른 원인과 조건에 의해 생겨나고, 원성실의 기반이 되는 것'이 의타기의 정의이다.

의타기를 분류하면, 청정의타기와 불청정의타기가 있다. 전자는 성자의 후득지, 부처님의 상호 따위이고, 후자는 유루취온[88]따위이다.

'두 가지 아(인아와 법아) 중의 하나가 공한 진여'가 원성실의 정의이다.

원성실을 분류하면, 부전도원성실과 불변원성실이 있다. 전자는 성인의 근본지 따위이고, 후자는 법성 따위이다.

부전도원성실을 원성실의 분류에 넣기는 하지만 원성실이 아니다. 왜냐하면 '그것을 대상으로 하면 장애(번뇌장과 소지장)가 다하

---

88) 유루취온 : 업과 번뇌에 의해 생긴 온(蘊).

게 되는, 청정도(성인의 근본지)의 궁극의 대상'이 아니기 때문이다.

지식대상을 또 달리 분류하면, 세속제와 승의제가 있다.

'일반적 진실을 고찰하는 이지량(理智量)에 의해 얻어지는 대상'이 세속제의 정의이다.

허위적 존재, 세속제, 일반적 진실 등은 모두 같은 의미다.

'승의(궁극적 진리)를 고찰하는 이지량에 의해 얻어지는 대상'이 승의제의 정의이다.

공성, 법성, 원성실, 승의제, 진제, 진여 등은 모두 같은 의미다.

승의제는 반드시 자상(自相)에 의해 성립하지만, 모든 세속제가 자상에 의해 성립하는 것은 아니다. 왜냐하면 의타기는 자상에 의해 성립하지만 변계소집의 존재들은 자상에 의해 성립하지 않기 때문이다.

허위적 존재가 반드시 허위로 성립되는 것은 아니다. 왜냐하면 의타기는 허위적 존재이지만 허위로 성립하는 것이 아니기 때문이다.

3시(時)와 전체부정존재에 대한 교의는 경부, 유식, 중관자립 등의 세 파가 동일하다.

색을 비롯한 오온은 외경으로 존재하지 않는다. 왜냐하면 장식(藏識:알라야식) 상에서 공업[89]과 불공업[90]의 습기의 힘에 의해 내면의 의식 상에서 생겨나기 때문이다.

---

89) 공업 : 여러 중생이 공동으로 지은 업.
90) 불공업 : 개개인의 업.

진상유식파의 경우는 색을 비롯한 오온이 외경은 아니지만 거친 것이라 주장하는 반면, 가상유식파는 만일 거친 것이라면 외경으로 존재해야 하므로 거친 것이 아니라고 주장한다.

ⓑ 유경

수교행자들은 8식을 주장하므로, 장식(알라야식)을 개아의 사례로 승인하며, 수리행자들은 의식(제 6식)을 개아의 사례로 승인한다.

장식(알라야식)이란, 내면의 습기를 대상으로 하고, 차별을 구분하지 않으며, 본질은 무부[91]무기[92]이며, 심소는 오직 5변행[93]하고만 상응하는, 특별히 견고한 주의식[94]이라 주장한다. 다시 말해, 유부와 무부 중에 무부무기이며, 선근이 끊어진 개아에게도 존재하므로 선이 아니고, 상계(색계와 무색계)에 존재하므로 악 또한 아니다.

염오의(말나식)는 장식(알라야식)을 대상으로 해서 자아로 생각하는 특성을 가지며, 본질은 유부무기의 하나라 주장한다.

6식에 관한 교리는 불교 일반과 동일하다.

양(量)에는 현량과 비량을 비롯한 네 가지 현량을 승인하고, 자증현량과 요가현량에는 착란식이 없다고 주장한다.

---

91) 무부 : 덮이지 않았다는 뜻으로 번뇌장이나 소지장이 아니라는 얘기다.
92) 무기 : 선도 악도 아닌 중립적인 것.
93) 5변행 : 의식이 일어날 때 반드시 함께 일어나는 수(受), 상(想), 사(思), 촉(觸), 작의(作意) 등의 5가지 심소
94) 주의식(主意識) : 의식이면서 심왕인 것.

진상파는 범부의 취청안식(파랑색을 취한 안식)이 비착란식이라 주장하고, 가상파는 범부의 근현량은 모두 착란식이며, 범부의 의현량에는 착란, 비착란의 두 가지 경우가 있다고 주장한다.

ⓒ 도에 대한 교리
ⓐ 도의 소연

사성제의 특성인 무상을 비롯한 16행상, 인무아, 법무아 등이 도의 소연이다.

'개아에 상일주재의 자아가 없음'은 거친 인무아, '개아에 독립적 실체의 자아가 없음'은 미세한 인무아, '색과, 색을 취한 양(量)의 실체가 다르지 않음'과 '색이 색을 취한 분별식의 집착대상으로서 자상에 의해 성립하는 것이 아님' 이 두 가지는 미세한 법무아라 주장한다.

두 가지 미세한 무아를 모두 공성이라 주장하며, 공성이면 반드시 이 둘 중의 하나인 것만은 아니니, 멸제와 열반 또한 공성이라 주장하는 까닭이다.

유위법은 그것을 취한 양(量)과 동체이고, 무위법은 그것을 취한 양(量)과 동성이라고 주장한다.

ⓑ 도의 제거대상

도의 제거대상에는 번뇌장과 소지장이 있다.

번뇌장은 거칠고 미세한 인아집과 그의 씨앗들, 6가지 근본번뇌[95]와 20가지 수번뇌[96]따위이고, 소지장은 법아집과 그의 습기 따위이다.

보살들은 소지장을 주요 제거대상으로 하고 번뇌장을 주요 제거대상으로 하지 않으며, 소승의 유학[97]들은 번뇌장을 주요 제거대상으로 하고 소지장을 주요 제거대상으로 하지 않는다.


ⓒ 도의 본질


3승 각각에 자량도, 가행도, 견도, 수도, 무학도 등의 5도의 교리를 세우며, 대승에는 그 위에 10지의 교리 또한 승인한다.


ⓒ 증과에 대한 교리


소승종성들은 인무아의 원성실을 주요 명상대상으로 삼아 수행의 궁극에 이르면 소승 수도의 금강삼매에 의해 번뇌장을 남김없

---

95) 근본번뇌 : 탐(貪), 진(瞋), 치(癡), 만(慢), 의(疑), 악견(惡見).

96) 수번뇌 : 분(忿), 한(恨), 뇌(惱), 부(覆), 광(誑), 첨(諂), 교(憍), 해(害), 질(嫉), 간(慳) 등의 열 가지 소수혹(小隨惑)과, 무참(無慚), 무괴(無愧)의 중수혹(中隨惑), 불신(不信), 해태(懈怠), 방일(放逸), 혼침(昏沈), 도거(掉擧), 실념(失念), 부정지(不正知), 산란(散亂) 등의 여덟 가지 대수혹(大隨惑) 등 이십 가지 지말(枝末) 번뇌.

97) 유학 : 무학도(아라한과)를 성취하지 못한 이들.

이 제거함과 동시에 소승의 아라한과를 성취한다.

성문과 독각은 명상대상인 무아와 제거대상인 번뇌에는 차별이 조금도 없으므로 성문과 독각 모두에 8향주의 교리가 적용되지만, 독각은 오직 욕계의 몸을 가지므로 20승중의 교리를 세우지 않는다. 그러나 성문과 독각의 차별이 없지 않으니, 복덕자량의 수행을 백겁동안 지속하고 안 하고의 차별과, 그에 따른 과보의 우열이 있다고 주장하기 때문이다.

수교행자들은 "적멸일로의 소승 아라한은 대승도로 나아가지 않으며, 보리전향의 아라한은 대승도로 나아간다."고 주장한다. 이 또한, 유여아라한일 뿐, 무여아라한이 대승도로 나아간다고 보지는 않는다. 왜냐하면 구경삼승을 승인하기 때문이다.

수리행자들은 소승아라한이 전부 대승도로 나아간다고 주장한다. 왜냐하면 구경일승을 승인하기 때문이다.

대승종성들은 법무아의 원성실을 주요 명상대상으로 하고 삼대무량겁의 자량을 겸수하여 5도와 10지를 차례로 거쳐서 최후무간도에 의해 번뇌장과 소지장을 완전히 제거하고 밀엄색구경천에서 자리(自利)의 단, 증 원만법신[98]과 이타의 두 가지 불업원만색신(보신과 화신)을 성취한다.

---

98) 부처의 3신 가운데 법신은 자리신이고, 2가지 색신인 보신과 화신은 이타신이다. 법신에는 단원만법신과 증원만법신이 있는데, 2장(障)을 끊은 부처의 열반이 단원만법신이며, 일체종지가 증원만법신이다.

대승아비달마집론[99]을 따르는 몇몇 이들은 인간의 육신으로 성불할 수 있다고 논하기도 한다.[100]

불경에 요의와 불요의의 차별 또한 승인한다. 해심밀경에서 설한 앞의 두 법륜은 불요의경, 마지막 법륜은 요의경이라 승인하기 때문이다.

요의와 불요의가 무슨 의미인가 하면, '명시된 문자 그대로 승인할 수 없는 경'을 불요의경, '명시된 문자 그대로 승인할 수 있는 경'을 요의경이라 한다.

열반에 유여, 무여, 무주열반 세 가지, 불신에 법, 보, 화 3신, 법신에는 자성법신과 지혜법신 두 가지, 자성법신에는 본연청정자성신과 이구청정자성신 등을 승인하므로 대승의 종의라 한다.


이르노니,
석가모니 부처님의 말씀에 따라
유식으로 설파하는 종의를
여러 학자들의 말씀대로 기록하나니
지혜로운 이들 즐겁게 들어가리라.

---

99) 대승아비달마집론 : 무착이 지은 논서.

100) 대승의 교리에서는 대체로 성불이 오직 밀엄색구경천에서만 이루어진다고 주장한다. 석가모니 부처님 또한 밀엄색구경천에서 성불하고 인간의 모습으로 태어나서 보이신 모습은 모두 방편으로 보이신 것이라 한다.

④ 중관파(마댜미까)

(ㄱ) 정의 : '실재하는 법이 티끌만큼도 존재하지 않는다고 주장하는 불교의 종파'가 중관파의 정의이다.

(ㄴ) 이름 풀이 : 어째서 중관파라 하는가 하면, 상, 단의 양변을 여읜 중도를 승인하므로 중관파라 하며, 모든 존재에 실재하는 자성이 없다고 설하므로 무자성파라 한다.

(ㄷ) 분류 : 중관파를 분류하면 자립파와 귀류파가 있다.

(ㄹ) 분파 각각에 대한 설명

㉠ 자립파(스와딴뜨리까)

ⓐ 정의 : '자상(自相)에 의해 성립하는 것을 언어관습적 차원에서 승인하는 무자성파'가 자립파의 정의이다.

ⓑ 이름풀이 : 어째서 중관자립파라 하는가 하면, 삼상[101]을 자기 방면으로부터 성립시키는 유효논거에 의지하여 실재를 배격하므

---

101) 삼상(三相) : 종법, 순편충, 역편충 등 유효논거의 세 가지 조건.

로 그와 같이 부른다.

ⓒ 분류

중관자립파를 분류하면 요가행중관자립파와 경부행중관자립파
가 있다.

'외경을 승인하지 않고 자증분을 승인하는 중관파'가 요가행자립
파의 정의, 사례는 적호(샨따락시따) 논사 등이다.

'자증분을 승인하지 않고 외경이 자상에 의해 성립한다고 주장하
는 중관파'가 경부행자립파의 정의, 사례는 청변(바와비베까) 논사
등이다.

이름을 풀이하면, 기반에 대한 교리가 유식파와 유사하므로 요
가행중관파, 경부파와 같이 미세입자의 집합으로 이루어진 외경을
승인하므로 경부행중관파라 한다.

요가행중관자립파에도 또한, 진상유식파와 유사한 중관파와
가상유식파와 유사한 중관파가 있다. 전자에는 적호(샨따락시따),
연화계(까말라실라), 성해탈군(아랴위묵띠세나) 등이 있고, 후자에
는 사자현(하리바드라), 제따리, 깜발라 논사 등이 있다. 또 제따
리는 유구가상유식파와, 깜발라는 무구가상유식파와 유사하다고
한다.

ⓓ 교리

ⅰ) 요가행중관자립파의 교리

(ⅰ) 기반에 대한 교리

① 경


모든 존재가 자상에 의해 성립한다고 주장한다. 왜냐하면 어떤 존재든지 가립의 실체를 규명하면 발견된다고 주장하기 때문이다. 따라서 자성에 의해 성립하는 것, 자상에 의해 성립하는 것, 자신의 존재원리 방면으로부터 성립하는 것, 자기 방면으로부터 성립하는 것 등이 모두 같은 의미라 주장한다.

지식대상을 분류하면 승의제와 세속제가 있다. '그것을 직관적으로 지각하는 현량에 의해 이종현현[102]이 없는 방식으로 지각되는 대상'이 승의제의 정의이다.

'그것을 직관적으로 지각하는 현량에 의해 이종현현이 있는 방식으로 지각되는 대상'이 세속제의 정의이다.

'항아리가 실재가 아님' 따위가 승의제의 사례, '항아리' 따위는 세속제의 사례이다.

승의제를 세세히 분류하면 16공, 간추리면 4공이 있다.

세속제를 분류하면 정세속과 전도세속이 있다. 전자는 물 따위이며, 후자는 신기루의 물 따위이다.

---

102) 이종현현 : 유식에서는 주체와 객체가 이원대립적으로 나타나는 것을 의미하고, 중관에서는 세속제의 현현을 의미한다.

이 교파는 심식은 모두 정세속이라고 주장한다.

ⅱ 유경

의식(제 6식)을 개아의 사례로 승인하는 것과, 장식(알라야식)과 염오의(말나식)를 승인하지 않고 6식을 승인하는 것은 두 자립파가 동일하다.

정신에는 양(量)과 양(量)이 아닌 두 가지가 있고, 양(量)에는 현량과 비량, 현량에는 근현량, 의현량, 자증현량, 요가현량 등의 네 가지가 있으며, 자증현량과 요가현량에는 착란식이 없다고 주장한다.

외경이 실재함을 승인하지 않으므로, 파랑색과 파랑색을 취한 현량은 동체라 주장한다.

(ⅱ) 도에 대한 교리
① 도의 소연

'개아에 상일주재의 자아가 없음'을 거친 인무아, '개아에 독립적인 실체의 자아가 없음'을 미세한 인무아, '색과, 색을 취한 양(量)의 실체가 다르지 않음'을 거친 법무아, '모든 존재가 실재가 아님'을 미세한 법무아로 승인한다.

ⓘ 도의 제거대상

인아집을 번뇌장으로, 법아집을 소지장으로 승인하며, 소지장에도 또한 '주체와 객체의 실체가 다르다고 취하는 것' 등을 거친 소지장으로, '오온 따위의 법들이 실재라고 취하는 것' 등을 미세한 소지장이라 주장한다.

ⓘ 도의 본질

삼승에 각각 5도를 승인하는 것은 다른 학파와 같지만, 차이는 독각의 무간도와 해탈도가 반드시 이취공상(주체와 객체가 별개의 실체가 아닌 모습)을 대상으로 한다고 주장하는데 있다.

(iii) 증과에 대한 교리

독각은 거친 소지장을 주요 제거대상으로 하므로 8향주의 교리를 세우지 않고, 성문에는 8종의 개아가 있음을 승인한다.
성문종성들은 인무아의 지견을 주요 명상대상으로 하여, 최후에 수도의 금강삼매에 의해 모든 번뇌장을 남김없이 제거함과 동시에 성문아라한과를 성취한다.
독각종성들은 능소이공(주체와 객체의 실체가 다르지 않음)의 지견을 주요 명상대상으로 하여, 최후에 수도의 금강삼매에 의해 번뇌장과 거친 소지장을 남김없이 제거함과 동시에 독각아라한과를 성취한다.

소승의 열반에는 유여열반과 무여열반 등의 두 가지가 있고, '전세의 업과 번뇌로 인한 고온(苦蘊)이 남아있는 열반'을 유여열반, '고온을 여읜 열반'을 무여열반으로 주장한다.

성문과 독각의 아라한 모두가 결국 대승도로 나아간다고 본다. 왜냐하면 구경일승을 주장하기 때문이다.

이 교파는 성문과 독각의 제거하는 바와 깨닫는 바가 각각 다르므로 성취하는 바의 결과에도 우열이 있다고 본다.

대승종성들은 보리심을 일으키고 대품자량도 단계에서 법류삼매에 의지하여 수승화신[103]으로부터 가르침을 직접 듣고 수행함으로써 공성을 대상으로 한 수혜[104]가 처음 생겼을 때 가행도로 넘어가며, 난위에서 견소단인 염오소취분별의 현행을 제압하고, 정위를 증득했을 때에 견소단인 청정소취분별의 현행을, 인위를 증득했을 때에 견소단인 집실능취분별의 현행을, 승법위를 증득했을 때에 견소단인 집가능취분별의 현행을 제압한다.

난, 정, 인, 승법의 4위를 차례로 명득(明得)삼매, 명증(明增)삼매, 입진의일분(入眞義一分)삼매, 무간(無間)삼매라 부른다.

이후, 견도의 무간도에 의해 변계번뇌장 112와 견소단인 소지장

---

103) 수승화신 : 32상 80수호를 갖추고, 삼계 중생을 두루 이익 되게 하는 법륜을 굴리며, 12행적을 보이는 화신.
104) 수혜(修慧) : 문사수 중의 수에 의해서 즉, 삼매를 닦아 생기는 지혜.

108 및 그 씨앗들을 함께 제거하고, 수도위에서 (구생번뇌장과)[105]수소단인 소지장 108 및 그 씨앗들을 함께 제거한다고[106]하셨다.

마지막으로, 최후무간도에 의해 구생번뇌장과 구생소지장을 동시에 제거하고, 다음 찰나에 위없는 보리를 증득하니, 이것이 대승 종성의 증과 방식이다.

대승열반과 무주열반을 같은 의미라 주장하며, 부처의 몸을 네 가지로 한정한다고 주장한다.

성해탈군(아랴위묵띠세나), 사자현(하리바드라) 두 분은 몸을 나투는 방식에 대해 논할 뿐, 수를 논하지는 않는다.

불경에 요의경과 불요의경의 교리를 세운다.

세속제를 주요 명시 내용으로 하거나 문자 그대로 승인할 수 없는 경을 불요의경, 승의제를 주요 명시 내용으로 하고 문자 그대로 승인할 수 있는 경을 요의경이라 한다.

해심밀경에서 말하는 초전법륜은 불요의경이며, 중전과 말전법륜에는 각각 불요의와 요의 두 가지가 다 있다고 주장한다.


ii) 경부행중관자립파의 교리

(i) 기반에 대한 교리

외경을 승인하고 자증분을 승인하지 않는 것 정도 외에는 대부분

---

105) 괄호 친 부분이 원문에는 없는데 실수로 누락된 것으로 보인다.
106) 수도위에서 완전히 제거된다는 뜻이 아니라 제거작업을 하고 있다는 의미이다.

의 교리가 요가행자립파와 유사하다.

(ⅱ) 도에 대한 교리

성문, 독각의 종성에는 법무아의 지견이 없다고 주장하며, 능소이공(주체와 객체의 실체가 다르지 않음)을 승인하지 않고, 외경을 취한 분별 또한 소지장으로 인정하지 않는다.

(ⅲ) 증과에 대한 교리

성문과 독각이 제거하는 바와 깨닫는 바에 거칠고 미세한 차별이 없으므로 명상대상에도 차이가 없으며, 8향주의 교리를 양쪽 모두에 적용한다.

대승종성들은 번뇌장과 소지장을 단계적으로 제거한다고 주장한다. 왜냐하면 8지를 성취할 때 번뇌장이 완전히 제거된다고 중관심요석(中觀心要釋)에서 말씀하셨기 때문이다. 그러나 귀류파처럼 번뇌장을 완전히 제거한 이후에야 비로소 소지장을 제거하기 시작한다고 주장하는 것은 또한 아니다.

이러한 정도의 차이가 있을 뿐, 그 외의 기반, 도, 증과의 교리 대부분은 요가행중관자립파와 동일하다.

이르노니,
자상은 있더라도 비실재를 승인하는
자립의 모든 분파에 대해
자작 없이 올바르게 설한 이것을
현자가 되려는 이들은 수지하라.

ⓛ 귀류파(쁘라상기까)

ⓐ 정의 : '자상(自相)에 의해 성립하는 것을 언어관습적 차원에서 조차 승인하지 않는 무자성파'가 귀류파의 정의이다.

사례는 불호(붓다빨리따), 월칭(짠드라끼르띠), 적천(샨띠데와) 등이다.

ⓑ 이름풀이 : 어째서 귀류파라 하는가 하면, 귀류법[107]만으로도 대론자의 심중에 소립(논증하고자 하는 바)을 지각하는 비량이 생긴다고 주장하므로 그와 같이 부른다.

ⓒ 교리
ⅰ) 기반에 대한 교리
(ⅰ) 경

모든 존재가 자상에 의해 성립하지 않는다고 주장한다. 왜냐하면 모든 존재가 분별식에 의해 가립된 것일 뿐이라고 주장하며, 여기에서 '뿐'이라는 말이 '자상에 의해 성립함'을 배격하는 의미이기 때문이다.

존재, 경, 지식대상 등은 모두 같은 의미다.

---

107) 귀류법 : 상대의 주장으로부터 필연적으로 잘못된 결론이 도출되는 것을 보여줌으로써 상대의 주장을 논파하는 방법.

분류하면 현전분(드러난존재)과 은폐분(가려진존재)의 분류와 2제의 분류가 있다.

먼저, '논거에 의지하지 않고 감각에 의해 지각할 수 있는 존재'가 현전분의 정의이다.

현현법, 현전분, 감각기관의 대상, 비은폐법 등의 네 가지는 다른 이름의 동의어이다.

사례는 색, 성, 향, 미, 촉 등이 있다.

'이유나 논거에 의지해서 지각해야 하는 존재'가 은폐분의 정의이다.

은폐분, 비현현법, 비량의 지각대상 등은 다른 이름의 동의어이다.

사례는 '소리는 무상하다.'와 '소리는 인무아이다.' 등이 있다.

따라서 이 교파는 현전분과 은폐분이 상위되고, 세 가지 지각대상(삼소량)[108]또한 각각 상위된다고 주장한다.

다음으로, '일반적 진실을 고찰하는 양(量)에 의해 얻어지는 대상이자, 일반적 진실을 고찰하는 양(量)이 그것에 대해서 일반적 진실을 고찰하는 양(量)이 되는 것'이 세속제의 정의이다.

사례는 항아리 따위이다.

---

108) 세 가지 지각대상 : 현전분, 약은폐분, 극은폐분 등의 세 가지 지각대상. 현전분은 감각기관에 의해 처음으로 지각되고, 은폐분은 비량에 의해 처음으로 지각되며, 극은폐분은 세 가지 고찰에서 무결한 경전의 말씀에 의해서 처음으로 지각된다. 세 가지 고찰에서 무결한 경전의 말씀이란 현전분을 교설함에 현량과 위배되지 않고, 약은폐분을 교설함에 비량과 위배되지 않으며, 극은폐분을 교설함에 앞뒤의 모순이 없는 말씀을 가리킨다.

세속제를 정세속과 전도세속으로 나누지 않는다. 왜냐하면 정세속이 존재하지 않기 때문이다. 왜냐하면 세속제이면 참이 아니어야 하고, 참이 아니라면 전도여야 하기 때문이다.

그러나 세간의 일반적인 의식 상에서 보면 정세속과 전도세속으로 분류된다. 색은 세간의 의식 상에서 보아 정세속이며, 거울 속의 얼굴의 형상은 세간의 의식 상에서 보아 전도세속인 까닭이다.

세간의 의식 상에서 보아 정세속이라고 해서 반드시 존재하는 것은 아니다. 왜냐하면 '색은 실재한다.' 따위는 세간의 의식 상에서 정세속이지만 존재하지 않기 때문이다.

'궁극을 고찰하는 양(量)에 의해 얻어지는 대상이자, 궁극을 고찰하는 양(量)이 그것에 대해서 궁극을 고찰하는 양(量)이 되는 것'이 승의제의 정의이다.

사례는 '항아리에 자성이 없음' 따위이다.

분류는 자립파의 교리와 유사하다.

또, 과거와 미래를 실법이라 주장하며, 외경 또한 승인한다. 왜냐하면 주체와 객체의 본질이 다르다고 주장하기 때문이다.


(ii) 유경


'그것의 가립기반인 5온이나 4온[109]에 의지하여 가립된 자아일 뿐

---

109) 4온 : 무색계에는 색이 없으므로, 무색계의 유정들은 색을 제외한 나머지 4온에 의지해서 자아가 가립된다고 한 것이다.

인 것'이 개아의 사례이며, 개아는 모두 불상응행이다.

정신에는 양(量)과 양(量)이 아닌 두 가지가 있고, 양(量)에는 현량과 비량, 현량에는 근현량, 의현량, 요가현량 등의 세 가지가 있다.

자증현량은 승인하지 않으며, 중생의 근식은 모두 착란식이다.

요가현량에는 착란과 비착란의 두 가지가 있다. 왜냐하면 무루 삼매인 요가현량은 비착란식이고, 미세한 무상(無常)을 직관적으로 지각하는 범부의 요가현량은 착란식이기 때문이다.

어째서 후자가 착란식인가 하면, 범부의 심식인 까닭이다.

재결식은 모두 현량이다. 소리의 무상함을 지각하는 두 번째 찰나의 비량은 분별현량이며, 색을 취한 두 번째 찰나의 근현량은 무분별현량인 까닭이다.

비량을 분류하면, 사세비량[110], 극성비량[111], 도유비량[112], 신허비량[113] 등의 네 가지가 있다.

어떤 대상에 착란됨과, 그 대상을 지각함이 상위되지 않는다. '소리가 무상함'을 지각하는 비량은 '소리가 무상함'에 착란되지만[114]

---

110) 사세비량 : 실질적인 이치에 의지해서 은폐분을 지각하는 비량.

111) 극성비량 : 널리 알려진 상식에 의지해서, 임의적으로 이름 붙여진 대상을 지각하는 비량.

112) 도유비량 : 삼상을 충족시키는 유효논거나 귀류법에 의지하지 않고 비유에 의해서 대상을 지각하는 비량.

113) 신허비량 : 세 가지 고찰에서 무결한 경전 말씀에 의거해서 극은폐분을 지각하는 비량.

114) 모든 분별식에는 자신이 지각하는 대상 'A'와 'A의 관념'이 함께 섞여서 나타나므로, 'A가 아닌 것'(A+A의 관념)이 'A'인 것처럼 나타나게 된다. 그러므로 모든 분별식은 자신의 현현경(나타난 대상)에 착란된 것이다.

그것(소리가 무상함)을 지각한다고 주장하기 때문이다.

이종현현이 있는 심식이면 반드시 자신에게 나타난 대상에 대해 현량이다. '소리가 항상하다고 취한 분별식'이 자신에게 나타난 바에 대해 현량이기 때문이다.

모든 심식은 반드시 자신의 지각대상을 지각한다. '토끼뿔에 대한 관념'이 '토끼뿔을 취한 분별식'의 지각대상이며, '소리가 항상하다는 관념'이 '소리가 항상하다고 취한 분별식'의 지각대상이기 때문이다.


ii) 도에 대한 교리
(i) 도의 소연


'개아에 독립적인 실체가 없음'이 거친 인무아, '개아가 실재가 아님'이 미세한 인무아라 주장한다.

미세한 인무아와 미세한 법무아는 공(空)의 기반의 차이로 구별한 것이지, 부정대상의 차이로 구별한 것이 아니다. 왜냐하면 공의 기반인 개아 상에서 부정대상인 실재를 배격한 것이 미세한 인무아, 공의 기반인 오온 등에서 부정대상인 실재를 배격한 것이 미세한 법무아이기 때문이다. 그러므로 미세한 인무아와 미세한 법무아는 거칠고 미세한 차이가 없고 두 가지 모두 궁극의 진리라 주장한다.

(ⅱ) 도의 제거대상

거칠고 미세한 두 가지 아집과 그 씨앗들, 그로 인해 생긴 삼독과 그 씨앗들을 번뇌장으로 승인한다. 실집을 번뇌장으로 승인하기 때문이다.

실집의 습기와, 그로 인해 생긴 이종현현의 착란, 2제의 본질이 다르다고 취한 염오 등을 소지장으로 승인한다.

(ⅲ) 도의 본질

3승 각각에 5도의 교리와, 대승에 10지의 교리 또한 십지경(十地經)에 의거해서 규정한다.

3승이 지혜의 깨닫는 바에 차이가 없다. 왜냐하면 성인은 모두 법무아를 직관적으로 지각했다고 주장하기 때문이다.

ⅲ) 증과에 대한 교리

소승종성들은 무아의 지견을 대략적인 이치로써 수습하여 최후에 소승수도의 금강삼매에 의해 실집과 그 씨앗들을 제거함과 동시에 소승의 보리를 성취한다.

중관자립파 이하는 무여열반을 성취하기 전에 유여열반을 성취해야 하는 것으로 주장하지만, 이 교파는 유여열반에 앞서 무여열반을 성취해야 하는 것으로 주장한다.

성문, 독각에 8향주의 교리를 승인하며, 8향주 모두를 성인으로 승인한다.

대승의 보리를 성취하는 방식은, 보살들이 무아의 견해를 무수하고 다양한 이치로써 세세하게 수습하여 2장을 끊는다. 또한 번뇌장을 완전히 제거하고 나서야 비로소 소지장의 제거가 시작되며, 소지장의 제거가 시작되는 것은 8지부터다. 소승의 도를 먼저 거치지 않은 보살들은 8지를 성취함과 동시에 번뇌장을 완전히 제거하고, 마지막으로 최후무간도에 의해서 소지장을 남김없이 제거함과 동시에 부처의 4신을 성취한다.

열반과 멸제는 모두 승의제라 주장한다.

해심밀경에서 설한 세 가지 법륜 가운데 첫 번째와 마지막 법륜은 모두 불요의경이다. 왜냐하면 공성을 명시한 경전이 없기 때문이다.[115] 중전법륜을 요의경으로 승인한다. 반야심경 등이 요의경인 까닭이다.

귀류파의 주요 특성은, '의지해서 가립'이라는 논거에 의해서 안팎의 모든 존재에 '자상에 의한 성립'을 남김없이 배격하면서도, 일

---

115) 티벳불교의 대체적인 견해로는 중관귀류파의 교리에서 초전법륜에도 요의경 즉 공성을 명시한 경전이 있는 것으로 주장한다. 왜냐하면 중관귀류파의 견해에 있어서는 소승의 수행자들이 해탈을 성취하기 위해서는 미세한 인무아를 깨달아야 하는데, 미세한 인무아는 공성이기 때문이다. 그러므로 소승의 수행자들을 대상으로 한 초전법륜에 부처님께서 공성을 전혀 명시하지 않았다는 것은 불합리한 주장이 된다. 그렇다면 초전법륜 중에 공성을 명시한 경전이 무엇인가 하면, 오온을 각각 물거품이나 신기루 등에 비유한 경전 말씀을 사례로 든다.

반적 진실로서, 이름일 뿐으로, 가유일 뿐으로, 속박과 해탈, 인과, 지각대상과 지각주체 등을 상대방에 떠넘길[116] 필요 없이 자신의 교리에서 무리 없이 규정할 수 있다는 것이다.

근래 몇 몇 이들이 수승한 견해라 자부하며, 현현하는 모든 존재가 착란일 뿐이라 하고, '자식 없는 여자의 아들'과 같이 전혀 존재하지 않는 것으로 보아, 아무것도 마음에 두지 않는 무념무상을 최고의 수행으로 삼고 있으니, 이런 이들에게는 귀류파의 냄새조차 나지 않는다.

따라서 세간의 모든 안락을 타오르는 불길과 같이 보고 해탈에 뜻을 둔 이들은 정법으로 가장한 악견을 남김없이 배격하고, 모든 종의의 절정인 중관귀류파의 교리를 최상으로 공경하여야 한다.


이르노니,
황금 교의의 대지에 흐르는 말뜻의 깊이 헤아리기 어려워라.
어리석은 이들을 놀라게 할 온갖 이치의 물결 요동치고
수없이 갈라진 견해의 강줄기들에 총명한 2생[117]들이 유희하네.
바다와 같은 내외 교의의 참뜻을 어느 누가 남김없이 헤아리리.
그러나 태어나서 얻은 이 배(사람의 몸)를

---

116) 상대방에 떠넘기다 : 궁극의 실상에서는 일체 법이 존재하지 않지만, 그것을 깨닫지 못한 이들의 의식 상에 일체법이 존재하므로 그들의 입장에서 모든 교리를 세운다고 주장하는 것.

117) 2생(生) : 새를 뜻하기도 하고, 바라문을 뜻하기도 한다.

가행의 순풍으로 이끌어 가서

종의의 바다의 중심에 다다라

선설의 보배를 찾아 얻었네.

누구든 천만의 현자들 앞에

선설의 연회를 열고자 하면

자타 종의의 정수를 모은 이것이

총명한 젊은이들이 의지할 바네.

근래 현자라 자부하는 거짓된 이들이

광대한 가르침을 오래도록 익히지 않고

명예와 부를 위해 집필하면서

애쓰는 작태가 희괴하도다.

지혜의 하늘에 선설의 태양이 뜨면

그릇된 말들은 꾼다[118]처럼 입을 다물고

연꽃처럼 청정한 교의는

희유한 뜻의 환한 미소 짓네.

인도와 티벳 학자들의 논서의 정수를 모아

무수한 종의를 밝힐 논서를 저술함은

경쟁심이나 시기 때문이 아니요

단지, 선연 있는 이들의 지혜를 증장키 위함이라.

이와 같은 노력으로 얻은 선행의

---

118) 꾼다 : 달빛에만 피는 꽃.

달빛마저 압도하는 이 공덕에 의해
모든 중생이 악견의 구렁에서 벗어나
정도에서 영원히 안식할 지어다.


　이상, 내외 종의를 요약한 보만이라 이름한 이것은 신실하고 분별 있는 국사 '응악왕깰상'과 비구 '응악왕상뽀' 두 사람이 청하고, 대덕 '꼰촉직메왕뽀' 스님께서 1773년 6월(티벳력) '따딘체링'에게 받아 적게 하셨다.

〈부록〉
# 선설장론 요약

# 선설장론 요약

'불경의 요의와 불요의를 분별한 선설장론'이라는 논서는 부처님께서 설하신 세 가지 법륜 중에서 어떤 말씀이 요의이고 어떤 말씀이 불요의인지에 대해 유식과 중관의 각 교파가 어떻게 해설하는지에 대한 논서다.

그렇다면 먼저 세 가지 법륜이란 무엇을 말하는 것인지를 알아야 하므로 그에 대해 간략히 설명해보도록 하겠다.

# 1. 세 가지 법륜

　세 법륜 각각의 정확한 정의는 유식파와 중관파의 견해에서 각각
다르고 세밀하게 논하고자 하면 너무 번잡하고 어려워지므로 쉽고
간략하게 설명하고자 하는 의도에 맞추어 대략적으로 설명해 보도
록 하겠다.

　1) 첫 번째 법륜 : 다른 말로 사제(四諦)법륜. 소승의 제자들을 위
해서 일체법이 실재라는 바탕 위에서 사성제를 설한 경전들.

　2) 두 번째 법륜 : 다른 말로 무상(無相)법륜. 대승의 상근기를 대
상으로 일체법이 비실재라고 설한 경전들. 예를 들면 반야경.

　3) 세 번째 법륜 : 다른 말로 선변(善辨)법륜. 두 번째 법륜의 참뜻

을 이해할 수 없는 대승의 하근기를 위해 변계소집의 상(相)무자성, 의타기의 생(生)무자성, 원성실의 승의(勝義)무자성 등 세 가지 무자성으로 분별해서 설한 경전들. 예를 들면 해심밀경.

# 2. 요의와 불요의의 정의

  이 세 가지 법륜을 각각의 교파가 어떻게 요의와 불요의로 구분하는지 알기 위해서는 이제 요의와 불요의의 의미에 대해 알아야 하는데 이에 대한 정의가 각 파마다 다르므로 그에 대해 간략히 표시하면 다음과 같다.

## 1) 유식파

  요의 : 부처님께서 설하신 문자 그대로 받아들일 수 있는 경전
  불요의 : 부처님께서 설하신 문자 그대로 받아들일 수 없는 경전

## 2) 중관자립파

요의 : 부처님께서 설하신 문자 그대로 받아들일 수 있고, 승의제를 주요 명시 내용으로 하는 경전
불요의 : 부처님께서 설하신 문자 그대로 받아들일 수 없거나 세속제를 주요 명시 내용으로 하는 경전


## 3) 중관귀류파

요의 : 승의제를 주요 명시 내용으로 하는 경전
불요의 : 세속제를 주요 명시 내용으로 하는 경전

# 3. 요의경과 불요의경의 예시

이와 같이 요의와 불요의에 대한 정의가 다르고 또 진리에 대한 각 파의 견해가 다르기 때문에 부처님의 어떤 말씀을 요의로 보고 또 어떤 말씀을 불요의로 보는지 역시 각각 다를 수밖에 없다. 그렇다면 이제 각 파가 구체적으로 부처님의 어떤 말씀을 요의와 불요의로 구분하는지 간략히 표시해 보도록 하겠다.

## 1) 유식파

요의경 : 해심밀경을 비롯해서 일체법을 3성으로 나누어 변계소집은 상무자성, 의타기는 생무자성, 원성실은 승의무자성으로 나타낸 세 번째 법륜의 말씀들.

불요의경 : 첫 번째 법륜 중에서 일체법이 실재라고 설한 말씀들, 문자적으로 일체법에 자성이 없다고 설한 두 번째 법륜.(여기서 '문자적으로'라는 말이 들어간 이유는, 두 번째 법륜이 실제로는 일체법무자성을 설한 것이 아니라고 유식파는 생각하기 때문이다.)


## 2) 중관자립파

요의경 : 두 번째 법륜 중에서 반야십만송과 같이 '승의에서'라는 한정어를 명시적으로 붙여서 무자성을 설한 말씀들. 3성이 모두 승의에서 성립하지 않음을 명시적으로 나타낸 세 번째 법륜. 예를 들면 해심밀경의 승의생품.

불요의경 : 첫 번째 법륜 전부, 두 번째 법륜 중에서 반야심경과 같이 '승의에서'라는 한정어를 명시적으로 붙이지 않고 무자성을 설한 말씀들.


## 3) 중관귀류파

요의경 : 첫 번째 법륜 중에서 오온을 허깨비나 꿈, 물거품 등으로 비유한 경전과 같이 공성을 나타낸 말씀들, 두 번째 법륜 전부.

불요의경 : 첫 번째 법륜 중에서 인과나 계율 등의 세속제를 설한 말씀들, 세 번째 법륜 전부.

# 4. 존재의 실상과 수행에 대한 교리

    위에 열거한 요의와 불요의의 예시가 어째서 그러한지는 존재의 실상에 대해 각 종파에서 주장하는 주요 교리를 이해하고 나서야 각 파가 제시한 요의와 불요의의 정의와 비교해서 판단할 수 있을 것이므로 이제 이에 대한 설명이 필요하다.

    불교에 대한 지식이 부족한 사람들 중의 일부는 간혹 불교 교리가 수행과는 상관없는 사변적인 이야기인 것처럼 생각하기도 하는데, 사실 불교 교리는 순전히 수행을 위해서 생겨난 것이다. 왜냐하면 부처님께서는 중생이 고통 받고 윤회하는 이유가 자기 자신의 존재의 실상을 제대로 보지 못하고서 잘못 착각했기 때문이고, 그러므로 고통과 윤회로부터 벗어나기 위해서는 바로 그 착각을 제거하는 것 말고는 달리 방법이 없으며, 또 그 착각을 제거하기 위해서는 역시 올바른 지각 말고는 다른 방법이 없다고 설하셨기 때문이다. 그러므로 불교도가 존재의 실상에 대해 배우는 것은 수행과는 상관없이 철학놀음을 하려는 것이 아니라 실상을 제대로 알아서 윤회의 뿌리를 끊어 해탈하고자 하는데 목적이 있는 것이다.

대승은 여기서 더 나아가 자기 자신의 해탈뿐만 아니라 일체중생의 해탈을 추구하는데, 그러기 위해서는 2장(障) 중에서 번뇌장만을 끊은 소승의 해탈만으로는 부족하기 때문에 소지장마저 끊어 부처가 되기 위해 노력한다. 소지장을 끊기 위해 필요한 것이 바로 법무아의 지혜와 보리심 두 가지이며, 번뇌장을 끊기 위해 필요한 것이 인무아의 지혜와 염리심(다른 말로 출리심)이다.

그러면 이제 이것들에 대해 하나씩 알아보도록 하자.


## 1) 염리심과 보리심

염리심과 보리심은 불교도의 수행에 필요한 양 날개인 방편과 지혜 중에 방편에 해당한다.

이것은 쉽게 말하면 수행을 하는 동기라고 할 수 있다. 다시 말해 염리심은 해탈하고자 하는 동기이고, 보리심은 성불하고자 하는 동기인 것이다. 이해하기 쉽게 정리하면 다음과 같다.

염리심(출리심) : 진심으로 자기 개인의 해탈을 추구하는 마음
보리심 : 진심으로 일체중생 구제를 위해 성불을 추구하는 마음

사실 보리심의 정의는 정확하게 기술하고자 하면 매우 복잡하고 교학적으로 난해한 논쟁거리를 여럿 포함하지만 내용을 쉽게 전달하려는 이 글의 취지에 맞게 단순화하였으니 양해 바란다.

간혹 오해하는 분들이 있어 한 가지만 설명하고 넘어가자면, 보리심은 자기 자신의 해탈을 추구하는 마음 역시 반드시 포함하고 있어야 한다는 사실이다. 왜냐하면 자기는 해탈을 싫어하면서 남에게 해탈이 좋은 것이라고 권유한다면 이것은 사기에 불과하기 때문이다.

대승의 수행자는 해탈을 싫어하는 것이 아니다. 자기 자신이 너무나도 해탈하고 싶기 때문에 그러한 심정에 비추어서 다른 중생이 윤회 속에서 고통 받는 것을 참지 못하고 구제하고 싶은 마음에 성불을 추구하는 것이므로 당연히 보리심엔 해탈을 추구하는 마음이 포함된다. 그러나 그렇다고 해서 보리심이 염리심이 되는 것은 아니다. 왜냐하면 자기 개인의 해탈을 추구하는 것이 아니라 일체중생의 해탈을 추구하는 것이기 때문이다. 물론 일체중생의 해탈을 추구한다면 자기 자신의 해탈 역시 추구해야 한다. 일체중생 안에 자기 자신도 포함되니까. 그러나 그렇다고 하더라도 그것이 '자기 개인'의 해탈을 추구하는 것은 아니라고 말할 수 있을 것이다. 여기서 만약 보리심이 염리심이 되는 것을 방지하기 위해 염리심의 정의를 '자기 자신만의 해탈을 추구하는 마음'이라고 말한다면 물론 보리심이 염리심의 정의에 부합하지 않게 하고자 하는 목적은 확실히 달성된다. 그러나 이 경우 소승의 수행자들이 '오직 나

혼자만 해탈할 거야.'하고 생각하고 수행한다는 인상을 주게 된다. '다른 사람은 해탈하면 안 돼. 나만 해탈할 거야.'라고 생각하는 사람은 아마 찾아보기 힘들 것이다. 그리고 그러한 마음은 불교 수행의 올바른 동기가 될 수 없고, 올바른 염리심으로 인정될 수 없다.

지금쯤 별로 중요하지도 않은 사변으로 흐르고 있다고 느낄 법도 한데, 사실 이러한 논의를 언급하고 넘어가는 것은 그 다음의 설명을 위해서다. 왜냐하면 대승의 교파들은 염리심과 보리심에 의해서 소승도와 대승도가 갈린다고 설명하기 때문이다. 무슨 말인가 하면, 염리심이 최초로 일어나는 때가 바로 소승의 자량도에 들어가는 순간이고, 보리심이 최초로 일어나는 때가 바로 대승의 자량도에 들어가는 순간이라는 것이다. 그래서 염리심을 소승발심이라 하고, 보리심을 대승발심이라 한다.

자량도란 불교의 수행 단계와 과위를 의미하는 5도 중의 첫 번째 단계이고, 5도란 자량도, 가행도, 견도, 수도, 무학도 등이다.

소승의 무학도를 성취하는 순간이 해탈하는 순간이고, 대승의 무학도를 성취하는 순간이 성불하는 순간이다. 물론 성불하면 당연히 해탈도 성취된다. 유식파와 중관자립파 견해에선 소승도를 거치지 않고 바로 대승도로 들어간 경우 성불과 해탈이 무학도를 성취하는 순간에 동시에 이루어진다고 보고, 중관귀류파의 견해에선 소승도를 거치지 않고 대승도로 들어간 경우 수도에서 보살 8지를 성취하는 순간 해탈을 먼저 성취한다고 본다.

하여간 해탈을 추구하는 동기를 가지고 수행을 하면 해탈 길에 들어가고, 성불을 추구하는 동기를 가지고 수행을 하면 성불 길에 들어간다는 이러한 교리는 모두 수행에 직접적으로 필요하고 지당한 이야기이다.


## 2) 인무아와 법무아

불교 수행의 양 날개인 방편과 지혜 중 방편에 대한 설명을 위에서 간략히 마쳤고, 이제 지혜에 해당하는 무아의 지각에 대해 설명할 차례다.

두 가지 무아 즉, 인무아와 법무아의 교리는 앞서 설명한 바와 같이 존재의 실상에 대한 착각을 없애기 위해 필요한 것이다. 예를 들어 어떤 것이 실재가 아닌데 실재라고 착각하고 있다면 그 착각을 없애는 유일한 방법은 그것이 실재가 아님을 지각하는 길 밖에는 없다. 불교 용어를 사용해서 말하면 지혜로써 무명을 대치한다는 것인데, 이것이 바로 불교 수행의 핵심 원리이고, 부처님께서 수없이 무아를 설하신 이유다.

그럼 이제 대승의 각 교파들이 인무아와 법무아를 어떻게 설정하는지 보기 쉽게 정리해 보자.

① 유식파

- 거친 인무아 : 개아에 상일주재의 자아가 없음.
(상일주재의 자아 : 변함없이 항상하고, 부분이 없이 단일하고, 인연에 의존함 없이 독립적인 자아)

- 미세한 인무아 : 개아에 독립적인 실체의 자아가 없음.
(독립적인 실체의 자아 : 자신의 온蘊과 상관없이 독립적으로 존재하는 자아)

- 법무아 : 외경의 부재, 주관과 객관이 별개의 실체가 아님, 색 등이 색 등을 취한 분별식의 탐착대상임이 자상에 의해 성립하지 않음. (이 세 가지는 모두 같은 내용의 다른 표현임)

② 경부행중관자립파

- 거친 인무아 : 개아에 상일주재의 자아가 없음.

- 미세한 인무아 : 개아에 독립적인 실체의 자아가 없음.

- 법무아 : 일체법이 실재가 아님.

③ 요가행중관자립파

 - 거친 인무아 : 개아에 상일주재의 자아가 없음.

 - 미세한 인무아 : 개아에 독립적인 실체의 자아가 없음.

 - 거친 법무아 : 외경의 부재, 주관과 객관이 별개의 실체가 아님, 색 등이 색 등을 취한 분별식의 탐착대상임이 자상에 의해 성립하지 않음.

 - 미세한 법무아 : 일체법이 실재가 아님.


④ 중관귀류파

 - 거친 인무아 : 개아에 독립적인 실체의 자아가 없음.

 - 미세한 인무아 : 개아가 실재가 아님.

 - 법무아 : 일체법이 실재가 아님.

# 5. 각 교파가 요의와 불요의를 구분하는 방식

    위에서 설명한 바와 같이 불교 내의 각 종파마다 존재의 실상에 대한 견해가 다르기 때문에 똑같은 부처님 말씀을 가지고서도 해석이 달라질 수밖에 없다. 또 한편으로는 중생이 저마다 견해가 다르고 성향이 다르고 똑같은 말을 가지고서도 다른 결과를 나타내기 때문에 부처님 입장에서는 모든 중생에게 똑같은 가르침을 줄 수가 없다. 예를 들어서 어떤 사람은 일체법이 비실재라고 말하면 아무것도 존재하지 않는다는 뜻으로 받아들여서 인과를 부정하고, 그러므로 어떤 행동을 해도 상관없다고 생각해서 결국 악도에 떨어지기 때문에 그런 사람에게는 일체법이 실재라고 말할 수밖에 없는 것이다. 그러므로 부처님 한 분의 가르침 안에도 문자 그대로 놓고 보면 모순이 되는 말씀들이 생겨나게 된다. 그러나 모순이 되는 두 가지를 다 받아들일 수는 없는 것이므로 부처님의 제자들은 결국 논리에 의거해서 진실된 말씀과 방편적인 말씀을 가려낼 수밖에 달리 방법이 없다. 그래서 생겨난 것이 바로 요의와 불요의에 대한 이론이다.

그러나 "각 교파가 저마다 다른 주장을 하는데 그 모두가 진실일 수는 없으므로 결국 한 교파의 교리만 빼고 나머지 모두가 거짓이든지, 아니면 그 모두가 거짓이든지 둘 중의 하나가 아니겠느냐?"고 생각해서 실망할 필요는 없다. 왜냐하면 앞서 설명했듯이 불교의 교리는 단순한 철학놀음이 아니라 오직 수행을 해서 해탈이나 성불을 성취하기 위해 있는 것이고, 불교 내의 각 교파의 교리가 이러한 목적을 이루는데 저마다 도움이 되기 때문이다. 물론 아집을 제거하기 위해선 그 아집이 어떻게 실상을 왜곡하고 있는지 정확하게 파악해서 그것을 배격해야 하므로 아집이 대상을 취하는 방식과, 그것을 정면으로 배격하는 내용인 무아의 의미에 대해서 정확한 견해를 갖지 않고는 궁극적으로 아집을 제거하는 것은 불가능하다. 그러나 앞서 설명한 인무아와 법무아에 대한 각 교파의 설정방식을 살펴보면 그 모든 견해가 저마다 해탈이나 성불을 향한 바람직한 심적 변화를 일으킬 수 있음을 짐작할 수 있고, 거친 견해를 이해하고 나면 그 다음엔 그 보다 좀 더 수승한 견해를 이해할 준비가 되므로 하위 교파의 교리가 상위 교파의 교리로 이행해가는 계단이 될 수 있음 또한 충분히 짐작할 수 있다.

그렇다면 이제 마지막으로 앞서 설명한 모든 내용들을 바탕으로 해서 대승불교의 각 교파가 부처님의 말씀을 어떻게 요의와 불요의로 구분하는지 설명할 차례다.


## 1) 유식파의 교판 방식

유식파는 해심밀경에 의거해서 부처님의 말씀을 요의와 불요의로 구분한다.

불경의 요의와 불요의를 구분하는 내용은 해심밀경의 제7장 승의생품이다. 여기서 승의생은 부처님께 첫 번째 법륜과 두 번째 법륜이 문자 그대로 놓고 보면 모순이 되니 부처님의 참뜻은 무엇이냐고 질문하며, 부처님은 이에 대해 첫 번째 법륜에서 일체법이 실재라고 설한 것은 소승의 제자들의 근기에 맞추어 설한 것이며, 두 번째 법륜에서 일체법의 무자성을 설한 것은 일체법을 변계소집, 의타기, 원성실 등의 3성으로 나누어 그 각각의 무자성의 이치를 염두에 두고 설한 것이라고 답변하신다.

그렇다면 먼저 그 3성이 무엇인지 알아야 하는데, 그 각각의 정의는 다음과 같다.


변계소집 : 분별식에 의해 가립되었을 뿐인 것

의타기 : 원인과 조건으로부터 생겨난 것

원성실 : 그것을 대상으로 수습(修習)하면 2장(번뇌장과 소지장)이 소멸되는 궁극의 대상

가장 쉬운 의타기부터 먼저 설명하면, 의타기와 유위법은 동의어이다. 유위법에는 색법(色法), 심법(心法), 불상응행(不相應行) 등의 세 가지가 있다.

색법에는 색, 성, 향, 미, 촉 등의 오경(五境)과, 안(시각기관), 이(청각기관), 비(후각기관), 설(미각기관), 신(촉각기관), 등의 오근(五根: 다섯 가지 감각기관)이 있다. 오경이란 오근 각각에 의해 직접적으로 지각되는 각각의 대상을 의미한다. 예를 들어 안근(시각기관)이 직접적으로 지각하는 대상을 색이라 한다. 그러나 여기서 말하는 색이란 일반적으로 말하는 색깔을 의미하는 것이 아니라 색깔과 모양 등의 형상을 의미한다.

심법이란 정신적 작용을 의미하는데, 여섯으로 나누면 안식, 이식, 비식, 설식, 신식, 의식이 있고, 앞의 다섯 가지(전5식)를 통틀어서 근식(根識: 감각적 지각)이라고 부른다. 그래서 심법을 간단히 나누면 근식과 의식 둘이다.

전5식은 이해하기 쉬우므로 생략하고, 의식 즉 제6식에 대해 약간 설명하자면, 제6식은 시각기관을 비롯한 다섯 가지 감각기관 중의 어느 것에도 직접적으로 의지하지 않고서 일어나는 정신작용인데, 여기엔 기억이나 추론 등의 분별식만 있는 것이 아니고 무분별식도 포함된다. 제6식이면서 무분별식인 것을 다른 말로 '의현식'이라고 한다. 참고로 전5식에는 오직 무분별식만 있다.

제6식 중에서 무분별식의 예를 들면, 자증식, 요가현량 등이 있고, 쉬운 예로는 어떤 대상을 오래도록 강렬하게 떠올리다 보면 그것을 감각적 지각처럼 생생하게 지각하는 의식이 발생하는데 그 역시 무분별의 제6식 즉 의현식에 포함된다.

불교의 수행단계에서 예를 들면, 자량도와 가행도 단계에서는 무아를 분별식에 의해서밖에 지각하지 못한다. 자량도 단계에서 무아를 대상으로 한 지(止)를 완성하고 나서 이것을 바탕으로 더 나아가 무아를 대상으로 한 관(觀)을 완성하는 순간 가행도로 넘어간다. 즉, 무아를 대상으로 한 지관쌍수의 사마디를 성취하는 순간이 바로 가행도로 넘어가는 순간이다. 그러므로 가행도 단계에서는 지관쌍수의 사마디에 의해 무아를 지각하지만 이것은 여전히 분별식에 불과하다. 이것이 최초로 무아를 대상으로 한 무분별의 지각으로 전환될 때가 바로 견도로 넘어가는 순간이다. 즉, 견도에서는 무아를 분별식을 여의고서 마치 눈으로 보듯이 생생하게 지각할 수가 있다. 필자의 추측에 많은 수행자들이 이때 완전한 깨달음을 얻어 수행이 끝난 것으로 착각하는 것 같다. 그러나 무시이래로부터 이어져온 아집은 그렇게 금방 뿌리가 뽑히지 않는다. 무아를 지각하고 있는 그 순간에는 아집이 일어날 수 없지만 그 뿌리가 잠재해 있는 한 아집은 기회가 있을 때마다 계속해서 자라나온다. 풀을 잘라도 뿌리가 땅속에 남아 있으면 나중에 다시 땅밖으로 자라나오는 것과 같다. 그러므로 아집이 다시는 생겨날 수 없도록 완전히 뿌리째 뽑기 위해서는 무아를 생생하게 지각하고 있는 사마디를 통해서 그 아집의 뿌리에 지속적으로 해를 가해야 한다. 그러다 보면 언젠가는 그 뿌리마저도 완전히 제거되는 때가 오는데 그 때가 바로 해탈을 성취하는 순간이다.

이와 같이 보면 이러한 교리가 모두 다름 아닌 수행과 해탈을 위해서 있다는 것을 알 수가 있다.

다음으로 유위법 중에서 불상응행에 대해 설명하자면, 불상응행이란 이러한 색법과 심법 중 어느 것에도 포함되지 않는 유위법을 말하며, 예를 들면 사람, 찰나멸 등이 있다.

이제 다음으로 3성 중에서 원성실에 대해 설명하면, 원성실이란 궁극적 진리 곧 승의제를 의미한다. 그렇다면 유식파가 생각하는 궁극적 진리란 무엇인가 하면 외경이 존재하지 않는다는 것이다. 그것을 또 다른 말로 "주관과 객관이 별개의 실체가 아니다."라고도 표현한다. 또 달리는 "색 등이 색 등을 취한 분별식의 탐착대상임이 자상에 의해 성립하지 않는다."라고 한다.

마지막으로 변계소집이란 이러한 의타기와 원성실을 제외한 모든 것들이다. 변계소집은 꼭 존재하는 것만 가리키는 것이 아니라 존재하지 않는 것도 역시 포함한다. 예를 들어 토끼뿔, 창조주, 상일주재의 자아, 오온과는 별도의 독립적인 자아 등이 모두 존재하지 않는 변계소집이다. 존재하는 변계소집은 원성실을 제외한 모든 무위법들이다.

해심밀경에는 부처님께서 이러한 3성 각각의 무자성을 가리켜서 일체법에 자성이 없다고 설하신 것으로 설명하였으므로 이제 그 3성의 무자성이란 무엇인가 하면 다음과 같다.

변계소집의 상(相)무자성 : 변계소집에 자상이 없다.

의타기의 생(生)무자성 : 의타기는 자신 외의 다른 원인과 조건에 의지해서 생겨나는 것이다.

원성실의 승의(勝義)무자성 : 원성실은 승의(궁극적 진리)이고, 오직 법아의 무자성에 의해서만 구별되는 것이다.

그러면 이제 결론적으로 유식파가 세 가지 법륜을 어떤 방식으로 요의와 불요의로 구분하는가 하면, 첫 번째 법륜에서 일체법이 실재라고 설하신 말씀은 문자 그대로 받아들일 수 없으므로 즉, 문자 그대로의 의미는 진실이 아니므로 불요의이다. 그렇다면 부처님께서 왜 그러한 말씀을 하셨는가 하면 소승 교파의 근기에겐 그렇게 가르쳐야 이익이 되기 때문에 그렇게 설하신 것이다.

두 번째 법륜에서 일체법에 자성이 없다고 설하신 말씀 역시 문자 그대로 받아들일 수 없으므로 불요의이다. 그렇다면 부처님께서 왜 그러한 말씀을 하셨는가 하면 3성 각각의 무자성의 이치를 가리켜서 그렇게 말씀하신 것이다. 그러므로 두 번째 법륜은 일체법이 무자성이라고 문자 그대로 받아들이는 이들(이를테면 중관파)을 위해 설하신 것이 아니라 일체법에 자성이 없다는 말을 3무자성의 이치로 알아들을 수 있는 유식파 중의 상근기를 위해 설하신 것이다.

그러나 유식파 중의 하근기는 두 번째 법륜의 가르침을 통해서 3무자성의 뜻을 알아듣지 못하기 때문에 해심밀경을 비롯한 세 번째 법륜이 두 번째 법륜의 참뜻을 명확하게 설명하였고, 그러므로 세 번째 법륜은 문자 그대로 받아들일 수 있는 요의경이며, 세 번째 법륜의 대상은 유식파 중의 하근기이다.

## 2) 중관자립파의 교판 방식

자립파는 주로 무진혜경에 의거해서 불경을 교판하지만 해심밀경을 부정하는 것은 아니다. 다만 해심밀경의 의미를 유식파와 다르게 해석한다.

어떻게 다르게 해석하는가 하면, 변계소집의 상무자성을 유식파처럼 변계소집에 자상이 없다는 의미로 받아들이지 않고 변계소집이 승의에서 자상이 없다는 의미로 받아들이는 것이다. 마찬가지로 의타기의 생무자성은 의타기가 승의에서 발생이 없다는 의미로, 원성실의 승의무자성은 원성실이 승의에서 자성이 없다는 의미로 해석한다.

승의에서 없다는 말은 실재가 아니라는 의미다.

승의와 세속의 의미에 대해서는 이 글 마지막에 자세히 설명하도록 하겠다.

자립파가 변계소집의 상무자성을 그렇게 해석하는 이유는 일체법에 자상이 있다고 생각하기 때문이다. 유식파와 중관귀류파 모두 무엇인가에 자상이 있다면 그것은 실재가 된다고 생각하지만 자립파는 비실재이면서도 자상이 있다는 것에 모순이 있다고 보지 않는다.

그 다음에 외경의 문제에 대해서 말하자면, 중관자립파는 또 교리의 차이에 따라 경부행자립파와 요가행자립파로 분류되는데 전자는 외경을 인정하고 자증식을 부정하며, 후자는 반대로 외경을 부정하고 자증식을 인정한다는 차이가 있다.

그러므로 외경을 부정하는 것처럼 보이는 경전 구절이나 유심 또는 유식 등으로 말한 구절은 요가행자립파의 입장에선 그대로 받아들여도 되지만, 경부행자립파의 입장에선 그러한 구절들을 어떻게 해결하는가 하면, 십지경에서 "삼계가 유심(오직 마음)"이라고 설하신 것은 외경을 부정한 것이 아니라 마음 이외의 창조주를 부정한 것이라 해석하고, 능가경에서 외경이 없다고 말한 것은 승의에서 없다는 의미로 해석한다.

알라야식이나 여래장에 대해선 모든 중관파가 마찬가지로 해석하는데, 자아에 집착하는 성향이 강한 자들을 이끌기 위해서 설한 말씀이라는 것이다. 부처님께서 무엇을 염두에 두고서 그것들을 설하셨는가 하면, 두 가지 모두 공성을 염두에 두고 설하셨다고 한다.

이제 결론적으로 자립파가 세 가지 법륜을 어떤 식으로 요의와 불요의로 구분하는가 하면, 첫 번째 법륜에서 일체법이 실재라고 하신 말씀은 소승의 제자들을 위해 방편적으로 하신 말씀이며, 문자 그대로 받아들일 수 없으므로 불요의이다. 또 첫 번째 법륜에서 설한 무아는 오직 인무아뿐이고 승의제인 법무아를 설한 말씀이 없으므로 첫 번째 법륜 중에는 요의경이 없다.

두 번째 법륜은 중관파 중의 상근기를 대상으로 한 가르침이고, 요의와 불요의경이 있는데 반야심경처럼 '승의에서'라는 한정어를 명시적으로 붙이지 않고 자성이 없다고 설하신 말씀은 문자 그대로 받아들일 수 없으므로 불요의이며, 반야십만송처럼 '승의에서'라는 한정어를 명시적으로 붙여서 자성이 없다고 설하신 말씀은 문자 그대로 받아들일 수 있고 승의제를 주요 명시내용으로 한 것이므로 요의이다.

세 번째 법륜은 중관파 중의 하근기를 대상으로 한 가르침이고, 3성이 모두 승의에서 성립하지 않음을 명시적으로 나타내므로 문자 그대로 받아들일 수 있고 승의제를 주요 명시내용으로 하므로 요의이다.

## 3) 중관귀류파의 교판 방식

귀류파 역시 무진혜경에 의거해서 불경을 교판하며, 해심밀경에 대해선 근기가 낮은 유식파를 위한 방편적 말씀일 뿐 문자 그대로 받아들일 수 없다는 식으로 해결하므로 유식파와 다른 해석 방식을 따로 마련할 필요가 없다.

십지경의 "삼계가 유심(오직 마음)"이라는 말씀은 자립파와 마찬가지로 마음 이외의 창조주를 부정하는 의미로 해석하며, 능가경에서 외경이 없다고 하신 말씀은 자립파처럼 승의에서 없다는 뜻으로 해석하지 않고 문자 그대로 외경이 없다는 뜻으로 하신 말씀이지만 방편으로 설하신 것일 뿐이라고 해석한다.

알라야식과 여래장에 대해서는 앞서 자립파 부분에서 설명한 바와 같다.

결론적으로 귀류파가 불경을 교판하는 방식은, 귀류파는 다른 모든 교파와 달리 미세한 인무아를 공성의 내용으로 보고, 소승의 해탈을 위해서도 공성의 깨달음이 필요하다고 본다. 그러므로 소승의 제자들을 위해 설한 첫 번째 법륜에서 당연히 공성이 설해져야 마땅하고, 그러한 공성 즉, 승의제를 주요 명시내용으로 한 말씀은 요의이다. 귀류파의 견해에서 요의와 불요의는 오직 승의제를 설한 것이냐, 세속제를 설한 것이냐를 기준으로 하므로 세속제를 설한 말씀은 모두 불요의이다.

두 번째 법륜은 승의제를 설한 것이므로 요의경이다. 또한, 귀류파는 일체법무자성을 문자 그대로 받아들이므로 자립파와 같이 '승의에서'라는 한정어가 붙고 안 붙은 차이를 구별할 필요 없이 모두 문자 그대로 받아들일 수 있다.

세 번째 법륜에는 승의제를 설한 말씀이 없으므로 불요의경 뿐이고, 유식의 견해를 가진 자들을 위해 방편적으로 설하신 것이다.

# 6. 승의와 세속의 의미

　불교의 모든 교리는 2제를 바탕으로 하고 있으므로 승의와 세속의 개념에 대해 이해하는 것은 너무나도 중요하다. 또 이것은 반복해서 말하지만 수행과는 상관없는 단순한 철학놀음이 아니라 오직 성불을 위해 필요한 법무아를 깨닫기 위한 노력일 뿐이다.

　선설장론 본문에는 유식파의 견해 부분에서 승의와 세속에 대한 두 가지 다른 설정방식에 대해 자세히 설명되어 있는데, 필자의 설명방식에서는 두 번째 설정방식부터 시작하는 것이 편리하므로 선설장론의 순서와는 반대로 두 번째부터 설명을 시작하겠다.

　승의와 세속에 대한 두 번째 설정방식이란 일체법을 승의제와 세속제 즉, 궁극적 진리와 일반적 사실(또는 일반적 존재)로 나누는 것이다.

　궁극적 진리를 승의제, 진여, 궁극적 실상, 공성, 원성실 등으로

부르는 것은 유식과 중관의 모든 교파가 마찬가지지만 어떠한 것이 궁극적 진리인가 하는 그 내용은 각 교파마다 조금씩 다르다. 위에서 인무아와 법무아를 교파별로 정리해 놓은 부분을 참고하시기 바란다.

유식파와 경부행중관자립파 견해에서는 법무아가 궁극적 진리다.

요가행중관자립파 견해에서는 두 가지 법무아가 있는데 그 중에 미세한 법무아가 궁극적 진리이고 거친 법무아는 세속제에 포함된다.

마지막으로 중관귀류파 견해에서는 미세한 인무아와 법무아가 모두 궁극적 진리다. 왜냐하면 그 두 가지는 보다시피 공성이라는 똑같은 내용을 담고 있기 때문이다.

자립파와 귀류파 모두 존재의 비실재성을 승의제로 본다는 점에선 같지만 비실재성이 내포하고 있는 의미에 대해서는 또 달라진다. 귀류파는 비실재와 무자상을 같은 의미로 보지만 자립파는 비실재 즉, 공성이 자상을 배격하는 의미라고 보지 않기 때문이다. 그렇다면 자립파가 보기에 공성이 무엇을 배격하고 있는가 하면 '오류 없는 심식에 나타남에 의해 설정된 것이 아닌, 대상 자신의 고유한 존재방식으로부터 성립하는 것'을 부정하는 의미로 본다. 그것이 도대체 무슨 뜻인지는 선설장론 본문에서 자세히 이해하시기 바란다.

한편 귀류파가 보는 공성의 의미는 모든 존재가 분별식에 의해 가립된 것에 불과하다는 것이다. 여기서 '불과'하다는 말이 바로 자상을 배격하는 의미이다. 그러니까 다시 말하면 모든 존재가 분별식에 의해 가립된 것일 뿐 자상이 없다는 것이 바로 귀류파가 보는 공성이다.

그러면 이제 세속제란, 이러한 궁극적 진리를 제외한 모든 존재를 가리킨다. 항아리, 기둥, 마음, 번뇌, 지혜, 허공, 인과 등 궁극적 진리를 제외한 모든 것이 다 세속제라는 말이다. 유위법은 모두 무상하다는 진실도 세속제고, 고제의 원인은 집제라는 진실도, 지구는 둥글고 자전과 공전을 하고 있다는 등의 모든 과학적 사실도 세속제다.

일반적 사실과 궁극적 진리, 이러한 두 가지 존재의 양상은 서로를 부정하는 것이 아니고 한 가지 대상에 공존하는 두 가지 다른 측면일 뿐이다. 예를 들어 항아리가 실재가 아니라는 항아리의 공성은 항아리를 부정하기는커녕 오히려 항아리의 존재를 바탕으로 존재하고 있는 것이다. 다시 말해 항아리의 궁극적 실상이란 항아리가 궁극적으로는 어떠하다는 것이므로 항아리를 기반으로 하고 있는 것이지 항아리와 별도로 따로 있는 것일 수가 없다. 그래서 세속제와 승의제를 '기반과 의존자(뗀-땐빠:rten brtan pa)' 관계라 한다.

다음으로, 승의와 세속의 첫 번째 설정방식은 '승의에서 성립하는가, 성립하지 않는가?'하는 논의에서 사용되는 의미에서의 승의와 세속이다.

승의에서 성립한다는 말은 실재라는 말과 같고, 승의에서 성립하지 않는다는 말은 비실재라는 말과 같다.

승의에서 성립한다는 말과 반대인 '꾼좁뚜 둡빠(kun rdzob tu grub pa)' 또는 '꾼좁뚜 요빠(kun rdzob tu yod pa)'는 직역하면 각각 '세속에서 성립', '세속에서 존재'이지만 우리말에서 그렇게 말하면 전혀 다른 의미와 혼동되므로 필자는 '세속적 차원에서 성립', '세속적 차원에서 존재'라고 번역한다. 세속적 차원에서 성립한다는 말은 언어관습적 차원에서 성립(타내두 둡빠: tha snyad du grub pa)한다는 말과 동의어이다.

승의에서 성립한다는 말과 세속적 차원에서 성립한다는 말이 무슨 의미인가 설명하기 전에, 승의와 세속의 이러한 두 가지 설정방식이 그렇다면 같은 의미가 아닌가 하고 착각할 사람들을 위해 먼저 그 두 가지의 차이를 확실히 하고 넘어가야 할 것 같다.

단적으로 보여주자면 공성은 승의제이지만 승의에서 성립하는 것은 아니다.(중관파 교리에서) 공성이 승의에서 성립하지 않는다는 것, 즉 공성이 실재가 아니라는 것이 바로 공성의 공성, 공공(空空)이다.

반대로 공성은 세속적 차원에서 성립하지만 세속제는 아니다.

그러므로 승의제냐 세속제냐 하는 얘기와 승의에서 성립하느냐 세속적 차원에서 성립하느냐 하는 얘기가 같은 얘기가 아니라는 것을 여기서 확실히 알 수 있다.

그렇다면 이제 승의에서 성립한다거나 세속적 차원에서 성립한다는 말은 도대체 무슨 뜻일까?

이건 정말 너무나 중요한 내용이고, 대단히 심오한 의미를 담고 있다. 그러나 이 개념에 대해 이해하기 쉽게 설명하자면 필자의 현재 능력으로는 필자 나름의 이해방식과 설명방식을 동원하지 않고는 불가능하다. 그러므로 이제부터는 필자의 사견이 혹시 개입될지도 모르니 불교 경론의 본뜻과 어긋나지 않는지 회의적인 태도로 신중하게 들어주시기 바란다.

먼저, 승의에서 성립한다는 것은 다른 말로 '논리에 의한 고찰을 견뎌내고 성립한다.(릭빼째쇠두둡빠: rigs pas dpyad bzod du grub pa)'는 말과 같다. 이것은 유식과 중관의 모든 교파가 똑같이 인정한다.

논리에 의한 고찰을 견뎌내고 성립한다는 말은 그럼 무슨 뜻일까?

어떤 존재에 대해 이치를 따져서 고찰하고, 고찰하고, 고찰해서 끝까지 고찰을 밀어붙이고 나서도 여전히 그 존재가 살아남으면 그것이 바로 고찰을 견뎌내고 성립한 것이라 필자는 이해하고 있다.

예를 들면 자유에 대해 한번 고찰해 보자.

자유란 무엇일까? 내 의지대로 행동하고 그 밖의 다른 것에 속박되지 않는 것인가? 아마도 대체로 그렇게 이해하고 있을 것이다. 그런데 가만 생각해 보면 내 의지 외에 다른 것에 속박되지 않는다는 것이 과연 가능하기나 한가? 속박이 조금이라도 있다면 그것은 완전한 자유가 아니다. 그렇다면 일단 완전한 자유란 이 세상에 존재하지 않는 듯하다. 그런데 자유라면 완전한 자유여야 하지 않을까? 왜냐하면 자유 안에 속박이 있다는 것은 모순일 테니 말이다. 좋아, 일단 좀 봐주자. 그러면 몇 퍼센트까지 속박이 있으면 자유고 몇 퍼센트부터는 자유가 아닌 것이 되는가? 오십 퍼센트?

몇 퍼센트의 속박이 있는지는 또 무슨 수로 알아내고?

벌써 자유란 것의 의미가 모호해진다.

또 내 의지대로 행동하는 것이 자유라고 했는데, 어떤 의지를 가진 것은 나의 의지인가? 어떤 의지를 가진 것이 내 의지가 아니라면 내 의지라는 것도 내 의지대로 행동한다는 것도 사라져 버린다.

나는 왜 어떠한 의지를 갖게 되었는가? 거기에도 분명히 수많은 원인과 조건들이 개입돼 있을 것이다. 그렇다면 수많은 원인과 조건들에 의해 만들어진 어떤 의지에 따라 행동한다는 것은 자유라고 보기 어려운 것이 아닐까? 마치 사과가 익어서 떨어진 것은 사과의 자유가 아니듯이 말이다.

얼마든지 더 다른 의견들에 대해 고찰해 볼 수도 있겠지만 이정도만 해도 이미 필자의 목적은 달성되었으리라 생각하고 더 이상 번잡한 이야기 늘어놓지 않기로 한다.

이와 같이 자유란 것은 분명히 일반적으로는 존재하는 것인데 고찰하면 할수록 무의미해지고 성립 불가능해진다. 왜? 본래 언어란 거칠고 모호한 것인데 그러한 언어를 가지고서 그 언어가 감당할 수 있는 선을 넘어서 밀어붙였기 때문이다. 이것을 바로 언어관습적 차원을 넘어선 고찰이라고 한다. 이것은 비유하면 두 개의 톱니바퀴가 서로 맞물려 있는데 두 톱니바퀴가 완전히 접해 있지 않고 톱니바퀴 사이사이에 톱니들보다 크기가 작은 빈 공간들이 있는 상황과 같다. 두 톱니바퀴가 완벽하게 들어맞게 하고 싶어서 서로 밀어붙여봤자 톱니바퀴 사이의 공간보다 톱니들이 더 크기 때문에 톱니끼리 서로 부대껴서 부서질 뿐이다. 이와 같이 거친 언어를 가지고서 더 세밀하게 밀어붙이면 이것, 저것들이 다 서로 모순돼서 무너져 버리는 것이다. 톱니바퀴가 무사한 지점은 본래 엉성하게 맞물려 있던 애초의 그 자리이고, 언어에 의해 가립된 존재들이 무사한 지점은 모든 것이 본래 엉성하게 맞물려 있던 언어관습적 차원 안에서다. 언어관습적 차원을 넘어선 고찰은 이 세상의 모든 존재를 무너뜨린다. 그래서 중관파는 일체법이 승의에서 존재하는 것은 아니고 세속적 차원에서, 또는 언어관습적 차원에서 존재한다고 말하는 것이다. 중론이 처음부터 끝까지 반복적으로 보여주는 것이 바로 이러한 의미라고 필자는 이해한다.

꼭 글자나 소리로 구성된 언어를 사용하지 않더라도 마찬가지다. 분별식이 어떤 대상을 두고서 어떤 관념을 품으면 그 관념 안에 일반적으로 우리가 언어라 부르는 어떤 것도 설령 사용되지 않았다 치더라도 그 관념 역시 언어나 다름없이 거칠고 모호하고 엉성하다. 바로 그래서 '언어관습에 의해 가립된 것', '분별식에 의해 가립된 것', '명칭과 기호에 의해 가립된 것' 이 세 가지는 같은 의미다. 또 재밌게도 불교 논서들에서는 분별식을 의식(意識)의 언어라고 부르기도 한다.

그러면 이제 덤으로 '세속적 차원에서 존재한다', 또는 '언어관습적 차원에서 존재한다'는 것의 의미까지도 알게 되었다. 자유란 애초에 이름 붙일 때(또는 자유에 대한 관념을 가질 때) 치밀하게 고찰하고 궁극에까지 따져보고 나서 이름 붙인 것이 아니다. 그저 대충 내 하고 싶은 대로 하는 것에다(내 하고 싶은 대로 한다는 건 대체 어떤 거냐고 따지지 않고) 자유라고 이름 붙였고, 또 모두가 그런 식으로 사용해 왔다. 그런 게 바로 언어관습이다. 그러니 바로 그러한 선에서 자유를 바라볼 때 자유는 엄연히 존재한다. 필자는 자유 민주주의 국가에서 살고 있고, 내가 가고 싶은 곳을 가고, 먹고 싶은 것을 먹고, 자고 싶은 곳에서 자고, 하고 싶은 것을 하고 산다. 이렇게 필자에게는 자유가 있다. 그러나 그 자유란 언어관습적 차원에서 성립하는 것이지 언어관습적 차원을 넘어서 따지면 성립하지 않는다. 즉, 승의에서 성립하는 것은 아니다. 필자의 자유가 승의에서 성립하지 않는다는 것이 바로 필자의 자유의 공성, 즉 승의제이다. 이 두 가지 진실의 측면 즉, 승의제와 세속제는 필자의 자유라는 한 가지 대상 위에서 사이좋게 공존하고 있다.

그런데 이 세상의 대부분의 철학자들은 거꾸로 생각하는 듯하다. 왜냐하면 모든 것을 따지고, 따지고, 따질 수 있는 데까지 최대한 따지고 나면 가장 정확하게 모든 것을 정립할 수 있다고 생각하는 것처럼 보이기 때문이다. 그런 식으로 밀어붙이면 어느 것도 성립하지 않는다는 것을 이해하는 자는 오직 중관귀류파 밖에는 없는 듯하다. 중관자립파 역시 일체법이 논리의 고찰을 견뎌내고 성립하는 것이 아니라는 점을 말로는 인정하지만 자상을 인정하고, 또 다른 말로 일체법이 가립이 가리키는 바를 찾으면 얻어진다고 생각하므로 사실 그 역시 내용적으로는 논리의 고찰을 견뎌내고 성립한 것을 인정하고 있는 셈이다.

그러나 과연 필자의 이러한 이해방식이 귀류파가 주장하는 바와 정확히 일치하는지는 아직 확신이 없다. 그러나 설령 완전히 일치하지는 않는다고 하더라도 어느 정도까지는 분명히 이해에 도움을 줄 수 있으리라 생각한다.

혹시 필자의 설명방식에 어떤 잘못이 있다면 필자보다 더 지혜로운 분들이 귀류파의 철학을 제대로 이해한 후 시정해주시기를 바랄 뿐이다.


* 참고로 이 요약본은 뺀첸쐬남닥빠의 견해를 따른 것인데, 선설장론 본문의 뜻과 다른 점이 한 군데 있는 것 같다. 쫑카빠는 선설장론에서 요의와 불요의를 분별할 대상이 되는 것은 존재들의 실상에 대해 설한 경전들이지 그 외의 경전들은 해당되지 않는다고 하였지만 뺀첸은 그 말과 상관없이 모든 경전들을 다 요의와 불요의로 구분하고 있다. 필자가 보기에 뺀첸의 방식에 따라도 문제없이 깔끔하게 모두 들어맞으므로 뺀첸 식으로 보지 말아야 할 이유도 없다고 생각된다.

# 다함께 잘사는 길

대승불교 교학체계

**인쇄일**  불기 2565년 (서기 2021년)  3월 19일
**발행일**  불기 2565년 (서기 2021년)  3월 24일

**지은이**  범천스님
**발행인**  법안스님
**펴낸곳**  도서출판 안심
**주소**  서울시 서초구 강남대로6길 18
**대표전화**  02-577-4557
**팩스**  02-574-4557
**이메일**  bluevervain@naver.com

**편집·인쇄**  오색필통 02-2264-3334

※ 잘못된 책은 교환해 드립니다.

ISBN  979-11-87741-33-6  93220
**값**  14,000원